Socialismo.info

In copertina immagine tratta dal sito www.fotomulazzani.it

MIKOS TARSIS

HERBIS NON VERBIS

Introduzione alla fitoterapia

Non credo esista un'altra "scienza" che, accanto a tanta superstizione e ignoranza, abbia raccolto tante utili esperienze nel campo delle erbe.

Laszlo Megay

Nato a Milano nel 1954, laureatosi a Bologna in Filosofia nel 1977,
già docente di storia e filosofia, Mikos Tarsis (alias di Enrico Galavotti)
si è interessato per tutta la vita a due principali argomenti:
Umanesimo Laico e Socialismo Democratico, che ha trattato in homolai-
cus.com e che ora sta trattando in quartaricerca.it e in socialismo.info.
Ha già pubblicato *Pescatori di favole. Le mistificazioni nel vangelo di
Marco*, ed. Limina Mentis; *Contro Luca. Moralismo e opportunismo nel
terzo vangelo*, ed. Amazon.it; *Protagonisti dell'esegesi laica*, ed. Ama-
zon.it; *Metodologia dell'esegesi laica*, ed. Amazon.it; *Amo Giovanni*, ed.
Bibliotheka.
Per contattarlo info@homolaicus.com o info@quartaricerca.it o info@-
socialismo.info
I testi sono su Lulu.com e su Amazon.

Premessa

È tutto da dimostrare che nella preistoria gli esseri umani vivessero meno di adesso. Non abbiamo fonti per avvalorare alcuna tesi. Il fatto di aver trovato degli scheletri di persone relativamente giovani potrebbe essere spiegato come una forma eccezionale di sepoltura di persone morte prematuramente. La regola non era probabilmente né la sepoltura né l'incinerazione ma semplicemente il volontario allontanamento della persona anziana dalla propria tribù, ovvero la morte in luoghi remoti, non frequentati, dove facilmente avveniva la decomposizione e la trasformazione naturale dell'organismo in sostanze vegetali. Non è da escludere che questi corpi, una volta morti, venissero anche divorati dalle bestie selvatiche.

Si può però ipotizzare qualcosa che non farà piacere alla moderna medicina basata sulla sintesi chimica. Nella tarda antichità, quella precedente alla formazione delle civiltà schiavistiche, gli esseri umani si ammalavano molto di meno.

Il *Genesi* (5,21-27) p. es. parla di un uomo leggendario, Matusalemme, che morì molto anziano, a 969 anni. Certo, è possibile – come dice Isaac Asimov – che la sua età, basata sui mesi lunari, si riduca a poco più di settant'anni. Ma è evidente che gli ebrei, parlando di quel mito, avevano espresso una memoria ancestrale, quella secondo cui nel passato più lontano l'esistenza era più facile, proprio perché nei confronti della natura si nutriva grande rispetto.

Queste pagine hanno semplicemente lo scopo di dimostrare che la vera scienza è quella conforme alle leggi della natura e che i migliori medicamenti contro i propri mali sono quelli naturali, in particolare quelli vegetali.

Non a caso in questi ultimi tempi si è notato che l'azione drastica che molti medicinali sintetici esercitano sul paziente è in realtà molto meno sicura, nel lungo periodo, dell'azione che si ottiene da un uso integrale, *in toto*, della pianta, la quale garantisce non solo una terapia più armonica e controllabile (olistica), ma anche più efficace rispetto all'assunzione di un singolo composto: sia perché ogni parte della pianta può svolgere un'azione catalitica, eccitante o inibitoria del suo principio attivo, sia perché si ritiene impossibile riprodurre sinteticamente tutti i composti elaborati dalla pianta, sia perché è sempre tendenzialmente da preferire un'azione curativa blanda, al fine di indurre l'organismo a reagire da solo.

Detto questo, si può qui aggiungere, rimandando all'epilogo le proposte operative, che la storia delle piante medicinali rientra nella più generale storia della medicina e della farmacologia, e risulta facilmente reperibile persino in molte opere generali di carattere enciclopedico (p.es. alla voce "Farmacia" del Grande Dizionario Enciclopedico della Utet, Torino 1968).

Sin dai tempi del ventennio fascista, esistevano sull'argomento opere storiografiche altamente significative, quali p.es. i due tomi di 1500 pagine di A. Benedicenti, *Malati Medici e Farmacisti*, ed. Hoepli, Milano 1924 o il volume di C. Pedrazzini, *La farmacia storica ed artistica italiana*, ed. Vittoria, Milano 1934, che consta di quasi 500 pagine di storia del pensiero e della pratica farmaceutica attraverso i secoli.

Nei testi di farmacologia, almeno finché i prodotti farmaceutici di sintesi non si sono imposti sulla scena internazionale, gli autori trattavano sempre una storia delle piante medicinali, proprio perché la nuova farmacologia chimica aveva bisogno di inserirsi in un filone consolidato, mostrando d'esserne la continuità e soprattutto il superamento "scientifico" e quindi definitivo.

Quando la farmacologia chimica ha preso il sopravvento sulla fitoterapia, la ripresa del tema della storia delle piante medicinali è avvenuta da parte di quei medici intenzionati a contestare tale primato, specie in considerazione dei guasti provocati dalla chimica sull'ambiente e sull'organismo umano.

Considerando che il primato sociale della fitoterapia è andato scemando contestualmente ai progressi della chimica farmaceutica, la storia delle piante medicinali, in quanto "storia", già nella prima metà del Novecento poteva essere considerata un argomento "archiviato", nelle sue linee generali, su cui difficilmente gli storici, oggi, allo stato attuale delle fonti, potrebbero pretendere di dire qualcosa di inedito, tant'è che l'attuale riscoperta del valore terapico delle piante medicinali è avvenuta nell'ambito della più generale "medicina alternativa", che non riguarda solo la fitoterapia, ma tante altre pratiche mediche che con le piante nulla hanno a che fare.

Questo per dire che la riscoperta odierna dell'importanza delle piante medicinali non è avvenuta in forza di argomentazioni che ne hanno messo in risalto l'evoluzione storica, quanto piuttosto a motivo dei limiti sempre più evidenti della medicina moderna, basata sulla sintesi chimica.

Il che non impedisce certo agli autori di testi di botanica, di piante officinali, di erbari o ricettari fitoterapici di presentare il loro contenuto, più o meno scientifico, più o meno sperimentato, anche con una introduzione storica sulle piante ed erbe medicinali, la quale in genere viene usata a titolo di conferma dell'importanza medica (foss'anche solo dietetica) dell'argomento in oggetto.

Allo stato attuale delle fonti l'unica cosa di veramente originale da dirsi in chiave storiografica può essere solo in direzione di approfondimenti specialistici di aspetti settoriali, come p.es. ha fatto A. Cacciari, traducendo e commentando il *De viribus herbarum* di Odone di Meung.

Origini della medicina

La scoperta delle proprietà curative delle piante è, all'inizio, sicuramente un fatto istintivo e casuale. L'uomo primitivo ritrova nella pianta l'alimento, l'indumento, il riparo, l'arnese da lavoro, la fonte del calore, la cosmesi, i profumi e anche naturalmente la medicina, avvalendosi di esperienze dirette e indirette, positive e negative.

In origine – racconta il mito religioso –, l'essere umano viveva in una sorta di "giardino", che doveva custodire e coltivare; quindi, se vogliamo, prima di diventare "agricoltore" o "allevatore" o "cacciatore", l'uomo era semplicemente un "giardiniere", un "raccoglitore" dei frutti della terra. Il prato e la selva furono la farmacia dell'uomo primitivo.

Nella ricerca delle sostanze terapiche egli sicuramente si serviva del comportamento degli animali selvatici, evitando di torturarli con esperimenti "scientifici" nei propri laboratori "artigianali". Stando a certe leggende indiane, la tribù dei Chippewa, che viveva nel Michigan, imparava i rimedi migliori per guarire da come l'orso cercava le radici, le ghiande, le bacche, le erbe...

Gli indiani del Nordamerica conoscevano circa trecento piante diverse per curare il raffreddore, la febbre e le ferite, e altre duecento con effetti lassativi, sedativi e stomachici. Prima che in Europa si depositasse il marchio dell'Aspirina (esattamente il 1° febbraio 1899 a Berlino), moltissime tribù primitive (e Ippocrate, che è vissuto quattro secoli prima di Cristo, l'aveva detto a tutti i medici) usavano la corteccia di salice per curare i reumatismi: pianta che contiene la salicina, sostanza antidolorifica simile all'aspirina.

Il curaro, usato per millenni dalle popolazioni sudamericane per catturare gli animali paralizzandone i muscoli, in Svizzera lo si scoprì solo verso la metà del secolo scorso, applicandolo nell'anestesia generale.

L'aspetto istintivo dell'uomo primitivo, che forse tanto "primitivo" non era, divenne razionale quando dalle osservazioni e dagli esperimenti si cercò di migliorare la qualità della vita umana. Chi meglio di tutti conosceva la natura (p.es. lo stregone) era anche tenuto in particolare considerazione, ma va detto che la figura dello "stregone" già presuppone una qualche differenza gerarchica tra i componenti di una tribù e ovviamente la presenza di una qualche religione. Sicché si può presumere che nei tempi più remoti la conoscenza "medicinale" delle piante sia avvenuta semplicemente per trasmissione orale delle conoscenze, di generazione in generazione, senza che qualcuno potesse avvalersene per rivendicare un potere personale, e che solo con l'apparizione degli antagonismi sociali si formò una casta sacerdotale che, in via esclusiva, gestì delle conoscenze pregresse appartenenti alla collettività.

Quanto alla religione, ancora oggi si conoscono popolazioni africane che usano la fitoterapia all'interno di una concezione animistica della natura e dell'esistenza in generale, ma sarebbe sciocco pensare che l'efficacia delle loro cure naturali dipenda dalla fede nell'animismo, cioè in sostanza dall'autosuggestione, non foss'altro perché, se così fosse, dovremmo nel contempo ammettere che analoghi effetti placebo esistono, in campo medico, anche nelle nostre società ultrascientifiche, per non parlare di quegli ambiti ecclesiastici che credono nella potenza dei "miracoli".

La realtà è che se, ancora oggi, certe tribù africane, gli indigeni dell'Amazzonia o quelli dell'Australia, nell'uso generalizzato delle piante per curare le malattie, hanno degli stregoni che conservano gelosamente i segreti delle loro erbe, il motivo di ciò sta nel fatto che vogliono tutelarsi dalle compagnie farmaceutiche occidentali che vorrebbero acquisirne il brevetto.

Sostenere che i primi esseri umani cercavano i rimedi fitoterapici in maniera istintiva e casuale e che cominciarono a cercare gli stessi rimedi in modo "razionale" solo quando si formò l'idea che le malattie potevano essere generate da un'entità estranea che s'impossessava del corpo e della mente, è come dire che l'uomo primitivo, essendo privo di religiosità, non poteva essere capace di una vera e propria "razionalità".

È in tal senso singolare vedere come in ambito scientifico esistano ancora opinioni che ritengono il nesso religione (o magia o superstizione, che è lo stesso) ed erboristeria non una degenerazione della primordiale conoscenza medica ma, al contrario, una sua positiva evoluzione. Come se il fatto p.es. che gli Egizi usassero erbe medicamentose e scongiuri magici li rendesse per questo superiori, nella conoscenza della fitoterapia, a quelle popolazioni indigene ignare degli usi strumentali (in senso politico) della magia.

Insomma il processo storico delle piante medicinali non fu quello dall'uso religioso a quello popolare, ma il contrario. Le classi elevate, con la nascita delle civiltà, si appropriarono di conoscenze pregresse, diffuse nelle comunità primitive, e se ne avvalsero per differenziarsi dal volgo, il quale, però, col tempo, riuscì a riappropriarsi, almeno in parte, di ciò che gli era stato indebitamente sottratto.

L'epoca antica

Le prime notizie sull'uso di piante ed erbe a scopo curativo si perdono nella notte dei tempi e non c'è alcuna concordanza su questo argomento da parte dei manuali di storia delle piante medicinali, neppure quando si citano fonti scritte.

Alcuni autori infatti le fanno risalire a 10.000 anni fa, provenienti dall'India (i Veda in effetti contengono molti riferimenti al mondo vegetale). Altri a 5.000, al massimo 8.000 anni fa, provenienti dalla Cina. L'unica cosa certa è che è del tutto inutile far risalire gli inizi di questa scienza antichissima ai documenti scritti che abbiamo: la storia appartiene all'uomo in quanto tale e non solo a quello che sa leggere e scrivere; anzi la storia "alfabetizzata" ha meno di seimila anni: un nulla rispetto all'altra.

Cina

Anche quando si presume di avere delle certezze inconfutabili, parlando p.es. dell'imperatore cinese Chen-nong (o Shen-nung), il padre della medicina cinese e inventore dell'agopuntura, il primo grande medico della storia che sperimentò su di sé l'efficacia di 365 medicine, derivate da minerali, piante e animali, descritte nel primo erbario e trattato di materia medica del mondo, *Pen Ts'ao Ching* (Trattato medico o Studio delle erbe), ci si deve in realtà affidare a delle leggende, che peraltro collocano l'evento in un arco di tempo abbastanza indeterminato: dal 3000 al 2700 a.C.

Con certezza si sa solo che sulla base di quel primo erbario se ne produsse un altro chiamato *Pen Ts'ao Kang Mu* (Enciclopedia delle erbe), il cui autore, Li Shih-chen (1518-93) ci mise 27 anni per descrivere, in ben 52 volumi, circa 2.000 piante medicinali e circa 8.000 prescrizioni erboristiche.

Le piante furono catalogate e descritte con la loro storia, le loro dosi medicinali e i loro metodi di preparazione: è un'opera di inestimabile valore, in cui sono evidenti le tracce dell'antica filosofia cinese del Tao, coi suoi princìpi eterni e immutabili, che si manifestano nei segni opposti dello ying e dello yang e nei cinque elementi naturali: terra, acqua, fuoco, legno e metallo, fra loro interconnessi. L'elemento della terra, p.es., è collegato allo stomaco-milza, lo stato d'animo è l'ansia, la stagione è l'estate e il gusto è il dolce: un tonico per questo elemento è la radice di liquerizia.

Tale filosofia è stata ripresa dalla medicina omeopatica e da altre medicine che ritengono l'essere umano un prodotto sincretico di tutti gli elementi della natura e che seguono il principio fondamentale dei fattori opposti: maschile-femminile, caldo-freddo, luce-buio, umido-asciutto ecc. cui ogni medicamento deve fare riferimento.

Una delle "droghe" enumerate è il tè, che proveniva dalla Corea e che in Cina fu adottata come bevanda nazionale. Nonostante su di esso Lu Yu, un eremita buddista cinese, avesse scritto il più importante testo sulla cultura del tè di tutti i tempi, il *Cha Ching* (Canone del tè), nell'VIII secolo d.C., in Europa si comincia a parlare di questa "bevanda curativa" solo nel 1559, e si deve aspettare il 1610 prima di vedere gli olandesi importarlo dai porti giapponesi e giavanesi, e solo alla fine dell'Ottocento gli scienziati europei comprenderanno le proprietà terapeutiche di questa pianta.

Un'altra famosa "droga" cinese era il rabarbaro, usato già 3000 anni a.C. In Europa, ai tempi di Marco Polo, pur conoscendolo già come medicamento sin dai tempi greco-romani, non si conosceva ancora la sua origine botanica, sicché la sua riproduzione poté avvenire solo alla fine dell'Ottocento.

Di rilievo anche lo *Huang-Ti Nei-Ching Su Wen* (Huangdi Neijing), il più antico documento della medicina cinese (sicuramente il primo libro organico sull'agopuntura), attribuito all'imperatore Giallo Huang Ti (2696-2598 a.C.). Si tratta di una compilazione di brani appartenenti a scuole ed epoche diverse. Il nucleo più antico del testo attuale deriva da fonti diverse databili tra il 400 a.C. e il 260 d.C.

Ai cinesi, nel 500 a.C. (ma vi sono tracce risalenti al 1000 a.C.), si deve attribuire anche la nascita dell'alchimia, abbinando l'uso di essenze profumate, incenso, erbe odorose per la preparazione delle medicine. Questi studi furono ripresi dagli arabi.

India

In India il medico Charaka scrisse nell'VIII sec. a.C., in sanscrito, il *Charaka Samhita*, uno dei testi fondamentali dell'Ayurveda: il sistema di medicina naturale più antico (2500 a.C.) di cui l'uomo abbia memoria. Il testo tratta ogni aspetto clinico, basato su erbe e piante medicinali, per il mantenimento della salute e la prevenzione della malattia, studiandone l'origine.

La parola Ayurveda significa "Conoscenza o Scienza della vita" (da Ayus = Vita e Veda = Conoscenza o Scienza). È una filosofia di vita basata sull'equilibrio interiore degli elementi e il soffio di vita (prana). Ogni essere umano è costituito di tre umori: aria, fuoco (bile) e acqua (muco), ai quali qualcuno aggiungeva il sangue. La prevalenza di uno di essi determina il carattere di una persona. Il medico, prima di fare la diagnosi della malattia, deve valutare l'umore. La cura quindi è personalizzata e include erbe come cibo, digiuno, yoga, astinenza sessuale e controllo della respirazione. Queste idee non erano molto diverse da quelle che si trovano in Ippocrate e Galeno.

Un altro medico indiano, Susruta, scrisse nel VIII sec. a.C. il *Susruta Samhita*, con cui si applicano le proprietà delle piante in campo chirurgico, nella clinica preventiva e post operatoria.

Agli inizi del II secolo d.C. vi sono importanti studi sulla iatrochimica (scienza della preparazione dei farmaci minerali) da parte del filosofo, medico ayurvedico e monaco buddhista Nagarjuna. Grazie a lui molte sostanze che in precedenza erano considerate tossiche, come p.es. il mercurio, furono trasformate in efficaci rimedi terapeutici. I monaci buddhisti erano spesso medici e farmacisti.

Generalmente si sostiene che la pratica medica indiana era molto influenzata da animismo, panteismo e magia: la malattia veniva considerata come un demone che s'impadroniva del corpo e che doveva essere costretto a uscire (con vomito, evacuazione, starnuti...: il pepe, p.es., prima di essere usato come spezia, serviva per far starnutire). Spesso le piante venivano scelte in base alla somiglianza del colore o della forma rispetto alla malattia. Tuttavia le descrizioni di queste piante medicinali furono molto apprezzate da Ippocrate, Dioscoride, Plinio e anche dagli arabi.

Egitto

In Egitto antiche iscrizioni e pitture sulle pareti dei templi e delle tombe ci parlano dell'uso che si faceva di almeno 500 diverse specie di piante intorno al 3000 a.C. Vi erano specialisti per ogni tipo di malattia. Numerose ricette dei grandi medici classici (Ippocrate, Dioscoride, Galeno) non sono che la trascrizione delle prescrizioni presenti nei papiri egizi.

Il più antico manoscritto sull'argomento è un papiro (1550 a.C.) che G. M. Ebers, egittologo e romanziere tedesco (1837-98), acquistò da un arabo che lo aveva trovato tra le ginocchia di una mummia. Vi contiene circa 700 ricette per differenti malattie. Inoltre include una descrizione molto accurata del sistema circolatorio, in quanto viene notata l'esistenza dei vasi sanguigni in tutto il corpo e la funzione del cuore come motore della circolazione del sangue.

I disordini mentali come la depressione e la demenza sono trattati in modo tale che l'origine dei disturbi fisici e di quelli mentali pare la stessa. Il papiro, tradotto nel 1890 e conservato nel museo di Lipsia, contiene anche capitoli sulla contraccezione, sul riconoscimento delle gravidanze, sulla ginecologia in generale, sui disturbi intestinali, sui parassiti, sui problemi oculistici e dentistici, sul trattamento chirurgico degli ascessi e dei tumori, sulle fratture ossee e sulle ustioni.

Peraltro, sono stati proprio gli Egizi (e non per caso, evidentemente) a scrivere per la prima volta la parola "cervello" e a fornire la prima descrizione anatomica delle meningi (che lo ricoprono) e del liquido cerebrospinale. La parola "cervello" compare nel cosiddetto "papiro chirurgico" di Edwin Smith, un egittologo americano nato nel 1822 e morto nel 1906. Forse scritto dal grande medico egiziano Imhotep, visir del faraone Zoser, intorno al 2800 a.C. (ma si basa su testi risalenti al 3000 a.C.), il papiro fu tradotto nel 1930.

Gli studiosi di storia della medicina sono stati colpiti dalla razionalità e dall'approccio scientifico alla diagnosi e al trattamento dei 48 pazienti citati. I metodi usati sono basati sull'osservazione razionale e sul trattamento pratico. Non vi è traccia di magia o superstizione, benché generalmente il nesso medicina/religione fosse fondamentale per gli Egizi: da un lato infatti gli erboristi amavano ammantarsi di poteri sovrumani mantenendo segrete le loro conoscenze, dall'altro sapevano che l'autosuggestione, cioè la fede nelle potenze extraumane, contribuiva notevolmente alla guarigione. Spesso il malato non doveva fare altro che aspirare densi fumi provenienti da incenso, cedro, cipresso... posti su braci ardenti.

A motivo delle loro tecniche di imbalsamazione gli Egizi sono stati anche i primi a elaborare un'arte aromataria con cui distruggere funghi e batteri responsabili dei processi di decomposizione. I princìpi odorosi attivi di fiori, foglie, radici, resine, bacche, semi e frutti, assorbiti dagli oli usati come eccipienti, trovavano applicazione anche nella cosmesi e nell'igiene, e questi metodi rimasero in vigore sino alla scoperta dell'alambicco.

In Egitto anche le donne erano ammesse agli studi di farmacia e medicina. Cleopatra, p.es., era una farmagnosta e possedeva un alambicco per la cosmesi. L'olio che porta il suo nome, composto di mirto e labdano, era ritenuto ottimo contro la caduta dei capelli.

Molti princìpi seguiti dagli Egizi oggi si ritrovano nella medicina naturopatica. I medici infatti avevano capito che la causa primaria della malattia è dovuta quasi sempre a un eccesso di cibo, che intossica gli umori. Di qui la terapia basata sui digiuni, sui lavaggi intestinali e sull'assorbimento di sostanze emetiche.

Mesopotamia

Le tre più importanti civiltà mesopotamiche: sumera (3000 a.C.), babilonese (2000 a.C.), assira (1000 a.C.) avevano conoscenze approfondite delle piante medicamentose e delle resine fragranti.

Il primo erbario sumerico sembra risalire al 2500 a.C. circa e ci è pervenuto in una copia trascritta del VII secolo a.C. Anche il codice di Hammurabi, scolpito circa duemila anni a.C., parla dell'uso di molte piante medicinali.

Le tavolette cuneiformi della civiltà assiro-babilonese, tra cui quella di Assurbanipal (668-627 a.C.) che menziona la belladonna, la canapa indiana, l'oppio, la cassia, ecc., accennano a circa 250 prodotti medicinali di origine vegetale riconosciuti, e ad altri 180 non ancora del tutto identificati. La stessa parola "sammu" indicava sia l'erba che la medicina.

I Sumeri avevano concezioni mediche avanzate, in cui magia e medicina procedevano di pari passo, e che per molti versi assomigliano a quelle egizie.

L'origine di molti nomi coi quali oggi si conoscono le piante è proprio di derivazione sumerica, filtrata attraverso la lingua greca e araba.

Sono state anche ritrovate delle scene murali del 3500 a.C. in cui operai soffiatori con canna fabbricavano oggetti di vetro per uso alchemico.

Civiltà mesoamericane

Gli Aztechi conoscevano circa 3.000 piante, come risulta da un erbario tradotto da Johannes Badianus, conservato presso la Biblioteca Vaticana. Per loro l'arte medica non aveva alcunché di magico.

Il piccolo manoscritto del 1552, detto *Barberini Codex*, costituisce il primo trattato a noi noto sulle piante medicinali messicane. Poiché non esistevano termini equivalenti latini per molte piante, il traduttore fu costretto a conservare i nomi aztechi. Essendo inoltre illustrato, esso costituisce una fonte preziosa per la lessicografia azteca.

Il Codice fu il lavoro di due aztechi: Martinus de la Cruz, il medico nativo che lo scrisse, e Johannes Badianus, che lo tradusse in latino. Entrambi lavorarono presso l'Università di Santa Cruz in Tlaltelolco, uno dei grandi centri culturali nel primo periodo della colonizzazione spagnola, e regalarono l'erbario all'imperatore spagnolo Carlo V. Alla fine del XVII secolo lo si trova a Roma e qui rimase del tutto sconosciuto fino a 1929, quando Charles Upson Clark lo scoprì nella Biblioteca Vaticana portandolo all'attenzione degli studiosi.

Nicola Monardes (1493-1588), medico di Siviglia, scrisse una *Historia Medicinal* in tre libri (1569-74) sull'uso delle piante medicinali da parte degli indigeni mesoamericani, tradotti nelle principali lingue europee, che gli valsero il titolo di "pioniere della etnomedicina".

Indiani nordamericani

La pratica delle erbe medicinali è strettamente connessa, presso le tribù indiane nordamericane, a esperienze spirituali e sciamaniche che riguardano i sogni, le visioni, il respiro, il canto, la preghiera, il digiuno, le fumate con la pipa ecc.

Il che però non deve far pensare che gli indiani avessero una qualche religione positiva. Anzi, se vogliamo, non esiste alcuna religione nativa americana, ma semmai una pratica basata sul sacro rispetto della natura. Il sacro veniva sperimentato sotto forma di "territorio", nel senso che determinati luoghi venivano considerati interdetti a qualunque intervento umano. Non a caso sono state proprio queste vaste aree selvatiche che nel passato hanno garantito uno straordinario grado di biodiversità e che ancora oggi permettono alle ultime tribù indigene di sopravvivere.

Oltre a ciò gli indiani prestavano molta attenzione al comportamento degli animali, in particolar modo l'orso, considerato, proprio in quanto formidabile cercatore di radici e di erbe, un vero protagonista della fitoterapia.

Le piante usate dagli indiani, grandi conoscitori di narcotici e di tossici, che usavano p.es. per addormentare il malato durante l'intervento chirurgico, erano generalmente selvatiche, non coltivate in appositi giardini. Le piante venivano considerate alla stregua di esseri umani.

Poiché ritenevano che le malattie somatiche avessero spesso una concausa di tipo psichico, le cure dovevano per forza essere personalizzate.

Purtroppo le osservazioni degli studiosi del XIX e XX secolo sul loro uso delle piante medicinali sono state molto superficiali e fortemente condizionate da pregiudizi razziali.

Ebraismo

Tutta la medicina ebraica deriva da quella egizia e in genere veniva esercitata dai leviti che ne custodivano i segreti, al punto che, per non perdere i loro privilegi, fecero distruggere un libro di re Salomone che offriva molti suggerimenti per curare le malattie con mezzi naturali.

Buona parte delle loro pratiche preventive erano basate sull'osservanza scrupolosa di norme igieniche.

La Bibbia ci tramanda l'uso, da parte degli ebrei, di alcune piante, come l'issopo e il cedro, per curare le malattie. Il profeta Isaia, p.es., guarì re Ezechia da un'ulcera con un cataplasma di fichi.

Lo stesso olio non veniva usato solo per ungere i sovrani intronizzati e le spose prima delle nozze, ma anche per curare i lebbrosi.

Nel Nuovo Testamento l'assenza totale di fitoterapia non deve far pensare che gli ebrei non conoscessero o non usassero questa pratica medica. Essendo testi (specie quelli evangelici) di natura teologico-politica, in cui si doveva dimostrare la netta superiorità della cultura ebraico-cristiana su tutte le altre e, all'interno di questa, della corrente cristiana su quella ebraica classica, i redattori non erano interessati a servirsi di guarigioni avvenute con procedimenti diciamo standardizzati, facilmente rinvenibili anche nel mondo pagano. Tant'è che quando parlano di guarigioni, queste appaiono sempre in maniera miracolosa, operate o da Cristo o nel suo nome. Proprio in quei racconti mistificati si trovano le tracce più antiche delle controversie pubbliche, relative al progetto di liberare la Palestina dai Romani, che vedevano coinvolti i protagonisti dell'epoca.

Grecia classica

Se, parlando della Grecia classica, si parte dal mito, bisogna risalire a circa il 1400 a.C., allorché troviamo la figura di Melampo, vate famoso e intenditore di medicina, i cui discepoli furono Chirone (capo dei Centauri) ed Esculapio (Asclepio), al primo dei quali si attribuisce il merito di aver coltivato le piante medicinali (la centaurea curava le ferite), e al secondo la conoscenza di un'erba talmente miracolosa da far resuscitare Ippolito, figlio di Teseo, cosa per la quale fu fulminato da Zeus. La moglie di Asclepio si chiamava Salute e la sua sacerdotessa era Panacea, "colei che tutto guarisce".

A Esculapio si attribuisce la teoria dell'adattamento dei farmaci ai diversi organismi: farmaci forti ai forti e deboli ai deboli.

Nel V sec. a.C. la medicina greca che andava per la maggiore pare fosse la naturopatica, basata su digiuni e diete alimentari, esercizi ginnici, balneazioni, unzioni, purghe e cura del sonno. Le ricette dei profumi e delle medicine erano incise su lastre di marmo, presso i templi, affinché tutti potessero disporne.

A parte il mito, indubbiamente la Grecia classica è debitrice della cultura egizia e mesopotamica. Lo stesso Ippocrate di Coo (460-377 a. C.), il più celebre medico dell'antichità greca e padre della medicina occidentale, che, con le sue ricette, i suoi metodi di dosaggio e le sue diete, influenzò il mondo romano e parte di quello medievale, si servì di fonti egizie depurandole dagli elementi magici e attribuendo alle malattie cause naturali. Fu lui a classificare in modo organico per la prima volta in Europa 400 specie di piante medicinali.

Ai tempi di Ippocrate sorsero le prime botteghe in cui il medico preparava i farmaci, dei quali conservava gelosamente la formula, e li vendeva. In origine erano i rizotomisti a cercare radici e piante officinali in luoghi noti solo a loro, che poi rivendevano a farmacisti ambulanti.

La dottrina ippocratica fondamentale (influenzata dalle teorie di Empedocle e Zenone) era quella relativa ai quattro temperamenti o umori – sanguigno, flemmatico, melanconico, collerico – le cui cattive funzioni andavano contrastate con degli antidoti. La malattia era una sorta di squilibrio dei rapporti tra gli umori, che andavano considerati in sintonia con gli elementi primordiali dell'universo (terra, acqua, aria, fuoco), con le qualità elementari dell'esistenza terrena (freddo, caldo, umido, secco), con le stagioni dell'anno (primavera, estate, autunno, inverno), con le età della vita (puerizia, giovinezza, maturità, vecchiaia).

I quattro umori o fluidi devono stare in equilibrio attraverso le erbe, la dieta e l'attività fisica, attraverso un gioco complesso di rimandi tra qualità delle sostanze prescelte e temperamenti umorali dell'organismo malato.

Le strade indicate da Ippocrate erano in sostanza due: la prima consisteva nel curare i sintomi con il loro contrario (*contraria contrariis curantur*), la seconda nel curare i sintomi con il loro simile (*similia similibus curantur*). Egli infatti, osservando la natura, aveva notato che molti dei fenomeni (sintomi) della malattia non erano altro che tentativi di guarigione; dunque perché non imitarli? Le basi della moderna omeopatia in fondo sono qui.

Le piante medicinali dovevano dunque servire allo scopo e siccome il loro numero era elevatissimo e il loro utilizzo molto complicato, si decise per la prima volta di esporre in modo sistematico le regole per raccogliere i semplici vegetali, le norme per preparare i medicamenti (suddivisi in purganti, narcotici, diaforetici, diuretici, emetici), e le modalità del loro impiego terapico.

Il primo erbario greco, stando alle fonti, fu scritto da Diocle di Caristo (IV sec. a.C.), studioso di anatomia animale. Cercò di individuare il regime di vita più salutare per l'uomo e una dieta capace di ricostituire le condizioni ideali per i processi naturali.

Il primo trattato sistematico di botanica farmaceutica, giuntoci integralmente, il *De historia plantarum*, fu scritto da Teofrasto (372-287 a.C.), filosofo peripatetico successore di Aristotele nella direzione della scuola. Un testo fitoterapico di difficile lettura, in quanto i nomi delle 500 piante sono spesso completamente diversi dagli attuali, anche se si basano sul tipo di fusto e sulla possibilità di coltivare o meno la specie vegetale.

Egli comunque cercò di stabilire un metodo scientifico di classificazione delle piante (per categoria), basandosi sugli scritti botanici di Aristotele. Fondamentale resta anche il suo trattato sugli odori, sapori e aromi di piante, fiori, resine e spezie.

Fece inoltre accurate osservazioni sui terreni, sul clima e la vegetazione, con particolare attenzione a tutte le piante importate da Alessandro Magno durante la sua campagna indiana.

Alcune sue pozioni e cataplasmi sono validi ancora oggi. I princìpi per miscelare le sostanze aromatiche sono rimasti in auge fino alla comparsa della chimica moderna.

Tra i più antichi orti o giardini botanici del mondo si ricordano quelli di Alessandria d'Egitto sotto i Tolomei (dal IV secolo a.C.) e quello istituito ad Atene, intorno al 340 a.C., a scopo di studio e per volontà di Aristotele, che ne affidò la gestione al discepolo Teofrasto. Ad Alessandria, la cui biblioteca, bruciata nel VII sec. d.C., disponeva di circa 700.000 volumi, la scuola aristotelica raccolse attorno a sé gli scienziati e i botanici più preparati del Medioriente.

I risultati della scuola alessandrina suscitarono grande interesse in Mitridate VI (132-63 a.C.), re del Ponto, sulle rive meridionali del Mar Nero, che scrisse una monografia sui veleni, essendo particolarmente versato, anche per motivi personali, negli studi di botanica e tossicologia. Produsse un famoso antidoto di 54 ingredienti, presi dal mondo animale e vegetale, che porta il suo nome. La formula base di questo composto fu usata per più di un millennio.

Egli chiese al proprio medico Crateva (Crateuas) di redigere un trattato sulle piante medicinali corredato di illustrazioni (probabilmente il primo della storia). Purtroppo andarono perdute sia la sua monografia, pur essendo stata fatta tradurre in latino da Pompeo, che l'erbario, di cui però si conservano degli estratti nel codice dedicato alla principessa imperiale bizantina Anicia Giuliana, scritto a Costantinopoli intorno al 512 e acquistato nel 1569 per conto dell'imperatore asburgico Massimiliano II. È questo il più antico erbario illustrato giunto fino a noi e anche la più antica testimonianza della Farmacopea di Dioscoride. Oggi si trova presso la Biblioteca Nazionale di Vienna.

Il più grande maestro di farmacognosia dei suoi tempi, Dioscoride Pedanio, medico greco di Anazarbo (Cilicia) del I sec., poi divenuto cittadino romano, avendo viaggiato molto come medico militare, ebbe occasione di conoscere piante esotiche che descrisse per primo, classificandole non in ordine alfabetico ma secondo le loro affinità e in rapporto ai loro effetti sull'organismo.

L'opera greca in cinque volumi, tradotta in latino col titolo *De materia medica* (65 d.C.), che utilizzò abbondantemente le ricerche di Ippocrate, Teofrasto e di molti altri scienziati, tratta 650 sostanze medicamentose di origine vegetale, 85 di origine animale e 50 di origine minerale, molte delle quali hanno ancora un posto nella farmacopea moderna (p.es. anice, camomilla, cannella, pepe, rabarbaro, timo, maggiorana, zenzero...). E svelò i luoghi d'origine di molte piante e materie prime tenuti gelosamente segreti dai Fenici, che per molto tempo ebbero nel Mediterraneo il monopolio delle commercio delle spezie.

L'opera resterà sino al XVI secolo un classico della farmacologia, tradotta in più lingue e riccamente illustrata, al punto che la maggior parte degli erbari posteriori seguì il suo schema di classificazione e descrizione.

Il più importante commento all'opera di Dioscoride fu quello di

Mattioli Pierandrea (1500-77), medico e naturalista senese, riferimento obbligato per ogni università del tempo.

Da ricordare anche il *De Plantis* (o *De vegetabilibus*) di Nicola di Damasco (vissuto durante l'età di Augusto), che godette di grande fortuna; tradotto dal siriaco all'arabo e poi dall'arabo in latino da Alfredo di Sareshel (Alfredo l'Inglese), fu attribuito erroneamente ad Aristotele.

Epoca romana

I Romani si limitavano a curare la salute con gli esercizi fisici e le terme, unendo igiene, cosmesi e cura del corpo. Il consumo di aromi a Roma è sempre stato molto alto. La loro ignoranza in materia di medicina, nonostante la presenza dei Greci nell'Italia meridionale e degli Etruschi in quella centrale, era così grande che ancora sotto Plutarco e Tiberio si sosteneva che ogni persona dovesse curarsi da sola, senza ricorrere ai consigli altrui.

È vero che nel V sec. a.C. essi istituirono la prima associazione corporativa, i farmacopoli, unici autorizzati a preparare e vendere i medicamenti; ma sino all'arrivo dei medici provenienti dalla Grecia, nel 219 a.C., era solo il *pater familias* che curava con decotti, unguenti e cataplasmi, comprati presso i farmacopoli.

Con l'arrivo dei Greci iniziano a comparire i primi trattati di farmacognosia e di farmacoterapia. I farmaci non vengono più riportati sotto forma di semplici elenchi o in appendice alle malattie, come negli scritti di Ippocrate, ma secondo criteri sistematici e descrittivi riferentisi all'uso, agli effetti utili o dannosi, al dosaggio, alle modalità di somministrazione, ecc. Sin dal I sec. d.C., a Roma, era uso comune coltivare orti con piante medicinali, e ai tempi di Cesare iniziarono a operare i medici pubblici sovvenzionati dalle città. La prima traccia storica di una farmacia organizzata è emersa dagli scavi di Pompei.

Una cultura farmaceutica vera e propria a Roma iniziò con Galeno di Pergamo (129-199), anche se, prima di lui, nella *Naturalis historia* in 37 libri (di cui sette dedicati alle piante medicinali) di Plinio il Vecchio, scritta tra il 23 e il 79 d.C., vi sono 600 rimedi di origine vegetale, desunti dalle sue conoscenze del mondo greco: un'autentica enciclopedia di astronomia, geografia, antropologia, etnografia, zoologia, botanica, medicina, mineralogia, dove sono stati consultati 500 scrittori fra stranieri e latini e 2000 opere. Ancora oggi è fondamentale per farci apprendere le conoscenze della farmacologia degli antichi.

Sulla base dell'opera pliniana fu composta nel IV secolo la cosiddetta *Medicina Plinii*, prontuario medico ch'ebbe grande fortuna. La *Naturalis historia* fu una delle prime a essere riprodotta a stampa all'inizio del XVI secolo.

Prima di Galeno vi erano anche notizie di rilievo nel *De Medicina* di Aulo Cornelio Celso (25 a.C.-50 d.C.), fonte primaria su dieta, farmacia, chirurgia e materie connesse: una delle migliori fonti sulla conoscenza medica alessandrina.

Le *Compositiones* (48 d.C.) di Scribonio Largo, che raccolgono 271 ricette contro ogni genere di male, godettero di enorme successo per tutta l'età imperiale.

Tuttavia con Claudio Galeno (129-201), il medico più illustre di tutta l'antichità dopo Ippocrate, si è su un altro pianeta. Quale medico greco della corte dell'imperatore Marco Aurelio, ebbe modo d'imparare molto accompagnando i militari nelle loro campagne. A lui si deve la formalizzazione ufficiale delle antiche teorie sugli umori, che sono servite per spiegare il funzionamento del corpo umano sino all'inizio dello studio dell'anatomia umana nel XVI sec.

La sua opera principale, *De simplicium medicamentis et facultatibus* (i medicamenti citati sono 473), lascerà il segno per un millennio e mezzo. Fedele alla concezione umorale della malattia, egli catalogò i medicamenti in funzione del "calore" (o umore), secondo gradi crescenti, permettendo la scelta del farmaco con tale parametro per ogni malattia (*Methodus medendi*). In particolare applicava medicamenti con azione opposta a quella del male: p.es. farmaci refrigeranti nelle malattie calde. Il suo motto era "contraria contrariis curantur". Il medico stesso doveva preparare il medicinale e somministrarlo in modo oculato e con parsimonia al paziente. Alcune formule erano tenute segrete, riservate ai soli addetti.

I suoi discepoli si specializzarono nel distinguere, a seconda che l'uso fosse più o meno immediato, i medicamenti magistrali (infusi, decotti ecc.), perché basati sulla ricetta del medico, da quelli officinali, stabiliti dalle farmacopee ufficiali (acque distillate, tinture, sciroppi, polveri vegetali ecc.). Queste ricette furono poi trasmesse in Europa dagli Arabi. Galeno scrisse oltre 400 libri di medicina, fisiologia e farmacologia, di cui solo 108 ci sono pervenuti.

Da citare anche Andromaco di Creta, medico di Nerone, che preparò la teriaca, composta di 61 ingredienti presi dal mondo animale e vegetale, portati a 73 dal medico Galeno. E il bizantino Oribasio (325-403), medico personale dell'imperatore Giuliano l'Apostata, che lasciò un'opera di medicina in 70 libri, giunta a noi solo in parte, un compendio di medicina in 9 libri e un trattato popolare in 4 libri. In particolare trattò della falsificazione delle droghe.

Medioevo

Con la caduta dell'impero romano e le invasioni barbariche, le conoscenze scientifiche vengono conservate nei monasteri (codici di Cassino, Scuola di Tours, ecc.) o sviluppate dal mondo arabo, oppure ci si limita a far circolare i testi "pagani" più utili a un'operatività concreta, includente la manualità e che meglio si prestano alla diffusione di un sapere collettivo.

San Benedetto (480-543), nel fondare l'abbazia di Montecassino, stabilisce nelle sue regole che particolare riguardo andava dato agli studi dei farmaci. Più tardi Cassiodoro, nel cenobio di Scillace in Calabria, ordinava ai suoi monaci lo studio dei medicamenti. E nel 681 un vescovo di Milano, Benedetto Crispus, scrisse il *Commentarium Medicinale*.

Significativi, di questo periodo, sono il *Libro degli alimenti e dei rimedi semplici* di Isacco Giudeo (850-950 circa), in cui vengono descritti gli aspetti pratici e applicativi dei medicamenti e dei veleni conosciuti, nonché il famoso *Canone (Quanun)* di Avicenna (980-1037), che sicuramente influì sulla Scuola salernitana, la maggiore d'Europa.

Lo spirito di solidarietà dei gruppi, laici e religiosi, fa nascere tutta una rete assistenziale – case per pellegrini, ospedali, ospizi – dove si uniscono svariate funzioni più o meno legali di esperti in vari campi, che la popolazione accetta senza molti problemi.

A causa delle affinità linguistiche col greco, l'Italia meridionale è la prima ad essere interessata dal movimento di recupero e ritraduzione in termini d'uso degli scritti antichi. La stessa Scuola salernitana, ove le traduzioni dal greco e dall'arabo, grazie soprattutto a Costantino Africano, acquisirono un'importanza eccezionale, nacque in una città che sino all'arrivo dei Normanni ruotava attorno a un'area bizantina.

Nata come Accademia di medici, essa si ufficializzerà come Università nel 1050, dopo aver costituito, fra il VII e il IX sec., il tramite più vivo del suddetto movimento. Non fu l'unica, poiché altre scuole si trovano a Sangallo, Bobbio, Fulda, Lorsch, Reichenau...

Col *Regimen sanitatis*, raccolto dal catalano Arnoldo di Villanova, la Scuola, che diede il meglio di sé fino al XII secolo, divenne il maggior centro laico europeo di fusione delle culture greco-romana ed ebraico-araba. La leggenda narra che fu fondata da quattro maestri: l'ebreo Helinus, il greco Pontus, l'arabo Adela e il latino Salernus.

Ispirata dall'insegnamento di Ippocrate, fece proprio il principio olistico dell'armonia psico-fisica: "è bene guidare i sani", puntando quindi soprattutto su prevenzione e profilassi; il che voleva dire: evitare luoghi malsani, con aria impura, fare attenzione ai fattori climatici e igienici, svolgere attività fisica. In una parola: "mente allegra, riposo, una dieta moderata".

I medici salernitani potevano essere chirurghi a tutti gli effetti, tant'è ch'erano in grado di operare il cranio, e a loro si devono le prime suture di vasi sanguigni con filo di seta. Rilevante, in questa scuola, almeno agli inizi, l'importanza delle donne in fitoterapia, ginecologia, ostetricia, igiene e cosmesi, anche perché tutte le scuole medievali di medicina e le università ne escludevano la presenza. Sono note la principessa Stefania, di cui s'innamorò Ottone III, e soprattutto Trotula (1050), moglie del medico Giovanni Plateario: sua opera più conosciuta il *De passionibus Mulierum Curandarum* (*Sulle malattie delle donne*), divenuto successivamente famoso col nome di *Trotula Major*, quando venne pubblicato insieme al *De Ornatu Mulierum* (*Sui cosmetici*), un trattato sulle malattie della pelle e sulla loro cura, detto *Trotula Minor*. Nel XIX sec. alcuni storici, tra cui il tedesco Karl Sudhoff, negarono la possibilità che una donna avesse potuto scrivere un'opera così importante e cancellarono la presenza di Trotula dalla storia della medicina. La sua esistenza fu però recuperata, con gli studi di fine Ottocento, da alcuni storici italiani, per i quali l'autorità di Trotula e l'autenticità delle *Mulieres Salernitanae* sono sempre state incontestabili.

Il testo principale di questa Scuola, scritta in versi leonini per facilitarne la memorizzazione, fu il *De simplici medicina* (*Circa Instans*), la più importante opera di botanica medicinale del Medioevo, scritta da Matteo Plateario. La versione più nota dell'opera è il rifacimento in francese ad opera di Robinet Testard (fine XV sec.).

È una farmacopea descrittiva, priva di illustrazioni, che tratta singolarmente i rimedi di base (animali, minerali e soprattutto vegetali), con indicazioni relative all'origine geografica e alle proprietà farmacologiche. Le sue fonti sono il Dioscoride e il *De Gradibus* di Costantino l'Africano; a sua volta diventerà fonte per le grandi enciclopedie di Alberto Magno, Tommaso da Cantimpré e Vincenzo di Beauvais, al punto che nel 1422 la facoltà di Medicina di Parigi l'adottò come trattato ufficiale di erboristeria. La sua versione illustrata più antica è conservata nella British Library di Londra: per la prima volta, dalla fine dell'antichità, essa ripropone immagini botaniche ricche di osservazioni naturalistiche.

Alla Scuola salernitana, ove si realizzò il primo giardino botanico del mondo, ad opera di Matteo Silvatico, si attribuiscono la scoperta di importanti erbe, nonché la ricerca di farmaci basati sulle virtù curative delle erbe. Esponenti più importanti: Gariopontus (*Passionarius*), l'arcivescovo Alfano I (*De quator humoribus ex quibus constat humanum corpus*), Nicolò Salernitano (*Antidotarium*), Matteo Plateario (*Liber de simplici medicina*), Cofone (*Ars medendi*).

Le *Ordinationes* di Federico II (1191-1250), emanate nel 1231-41, riprendendo e ampliando notevolmente precedenti disposizioni del sovrano normanno Ruggero II d'Altavilla, elevarono la Scuola al rango di Università, stabilirono un ruolo nettamente distinto per i due mestieri di medico e speziale, e inaugurarono sostanzialmente l'organizzazione farmaceutica in Europa.

Per evitare forme di ciarlataneria si pretese la figura di un medico laureato, il cui sapere scientifico doveva essere codificato e certificato, da potersi esercitare ovunque. Viene fissato l'ordine degli studi: un triennio di logica, affinché i medici imparino a ragionare prima che a curare, e un quinquennio di studi teorico-pratici di patologia, diagnostica, dietetica ecc., basati soprattutto su Ippocrate e Galeno. Federico II sancisce inoltre che la chirurgia, essendo parte della medicina, non può essere appresa senza la dissezione dei cadaveri.

L'aspirante medico doveva essere moralmente irreprensibile, vestire una tuta rossa con berretto nero, essere allievo di un medico anziano; quando era in grado di percepire l'onorario dai suoi pazienti, doveva stare molto attento a non compiere gravi errori, poiché poteva anche andare incontro a punizioni fisiche.

Il farmacista doveva limitarsi a preparare le medicine secondo le regole stabilite in presenza del medico, senza frodi e sofisticazioni, e gli era del tutto proibita la vendita dei veleni. Il medico dettava a voce le ricette al farmacista, poi di persona portava i medicinali agli infermi.

La corporazione dei medici-speziali si separò quindi in due; le farmacie diventavano in un certo senso "statali" (con tanto di licenza, di regolamenti per l'apertura, la chiusura, i prezzi), e le loro complicate preparazioni, certamente non economiche, venivano vendute in tutta Europa.

Nell'ambito di questa Scuola, che rimase attiva sino al decreto di chiusura di Gioacchino Murat, nel 1811, Nicolao Preposito, nel 1240, elaborò, basandosi largamente sulla medicina araba, l'*Antidotarium*, la prima farmacopea ufficiale, ove si elencano i complessi metodi di preparazione dei medicamenti. L'aveva pretesa Federico II come codice per i medici e i farmacisti, che in un certo senso erano tenuti a prestare una sorta di "giuramento ippocratico". Abbozzi di farmacopea esistevano già in antichità: furono soprattutto gli Arabi ad avvertire la necessità di trattati che fissassero i metodi per preparare medicamenti complicati.

L'apparato concettuale degli studi medievali restava comunque quello dei tempi di Galeno, nei cui confronti neppure il maggiore scienziato, Alberto Magno (1200-80), riuscì mai a fare significativi progressi, nonostante la passione per la farmacia lo portasse a scrivere ben tre trattati.

Al massimo la traduzione latina dei testi classici (greci e arabi) permette di fare ottimi commentari, come quello p.es. di Pietro d'Abano (1250-1316) al ricettario di erboristeria medica (*Liber de gradibus*) di Costantino Africano, il quale, a sua volta, aveva rielaborato altre fonti precedenti, specie quelle di Dioscoride. Costantino riteneva la medicina la scienza per eccellenza, avente per oggetto gli "eventi naturali", "organicamente coordinati in un ordine stabile", dove "la comprensione di un fenomeno dipende da quella di un altro".[1]

I due erbari più diffusi nel Medioevo europeo furono quelli dello Pseudo-Apuleio (di Madaura, chiamato così per distinguerlo dall'autore del celebre *Asino d'oro*), risalente al IV sec., molto noto a causa della sua spiccata tendenza a raccogliere le credenze popolari, e soprattutto di Odone di Meung (*De viribus herbarum,* scritto verso la prima metà dell'XI sec.), che sicuramente influenzò la Scuola salernitana. Noto era anche il trattato di Giacomo Dondi (1298-1360), *Aggregator Paduanus* (*Promptuarium medici*), in cui descrive con precisione alcune piante della flora italica e vari rimedi medicinali tratti da fonti greche, latine e arabe.

Il Medioevo, specie nel periodo delle Repubbliche marinare, vede fiorire il mercato delle spezie e delle droghe (Corporazioni degli Speziali): Venezia era diventata il punto di smistamento per tutto il mondo occidentale delle piante officinali. Notevole la quantità di libri di botanica in quella città, soprattutto i trattati di piante curative.

A Firenze diedero vita a una delle sette arti maggiori dell'ordinamento corporativo: l'Ars medicorum et speziariorum (1266), cui aderirono nomi prestigiosi, come Dante[2], Giotto, Brunetto Latini..., che in gene-

---

[1] Cfr J. Agrimi - C. Crisciani, *Malato, medico e medicina nel Medioevo*, Loescher, Torino 1980.

[2] Nella *Divina Commedia* Dante parla di varie piante: alloro, ortica, belladonna, rosa, garofano, gelso, assenzio, incenso, amomo, nardo, mirra, olivo... e parla persino degli acini d'uva usati per prevenire la cecità senile, come risulta dai canti XII e XXIV del Paradiso; cita anche un'erba psicotropa quando ricorda Glauco nel I canto del Paradiso. Conosceva anche le erbe velenose, poiché quando si trovava a Ravenna, nel 1320, venne invitato a Milano da Galeazzo Visconti per una consulenza sull'uso dell'*aconitum napellus* con cui Bartolomeo Canolati avrebbe dovuto eliminare papa Giovanni XXII, allora residente ad Avignone.

re lo facevano per poter accedere agli uffici pubblici.

Andrea Pisano dedicherà una delle formelle scolpite per il campanile del Duomo di Firenze proprio alla figura dello speziale. E tre secoli dopo, i Medici, signori di Firenze, venivano celebrati anche per i loro farmaci.

Decisivo comunque in questo periodo il contributo di quei mercanti (come p.es. Marco Polo) che, viaggiando all'estero, erano in grado di far conoscere in Europa le piante del lontano oriente.

A partire dal XII secolo l'interesse per la medicina cominciò a svilupparsi anche a Chartres, Montpellier, Parigi. Il lavoro di traduzione dei classici si fa intenso in Spagna e nella Francia meridionale. Di rilievo il trattato inglese *Rosa Medicinae* (o *Rosa Anglica*) scritta nel 1314 da Giovanni di Gaddesden (1314-17) e il *Libro della Natura* del tedesco Konrad von Megenberg (1309-74).

Nel XII sec. alcuni erboristi gallesi scrissero un testo con la storia delle loro erbe terapiche, dal titolo *I medici del Myddvai (Physician of Myddfai)*, le cui fonti risalgono alle tradizioni druidiche.

Nel XIII sec. nascono le prime coltivazioni di piante medicinali (*Viridarium* di Matteo Silvatico e le coltivazioni del medico veneziano Gualtieri).

In Vaticano il primo orto botanico fu creato nel XIII secolo, specializzato in piante medicinali.

L'alchimia prende a svilupparsi, fra Duecento e Trecento, con le opere di Ruggero Bacone, lo pseudo-Lullo, Arnaldo da Villanova, Giovanni di Rupescissa. Ma si tratta ancora di insignificanti approcci sperimentali.

Gli ordini religiosi

In Europa occidentale il binomio medicina/religione trova ampio seguito presso gli ordini regolari, a partire da quello benedettino. Non senza problemi relativi alla legittimità della competenza: il fatto che i monaci potessero essere autorizzati alla pratica della medicina fu oggetto di controversia conciliare per secoli.

D'altra parte i cenobi erano centri del sapere, di lavoro pratico e intellettuale: non erano semplicemente luoghi di rifugio o di ospitalità temporanea. Ben presto furono creati dei centri di assistenza, anche medica, degli ospizi e dei ricoveri per pazienti interni alla struttura, che poi col tempo si aprirono a un'utenza esterna di poveri o bisognosi, ammalati, ospiti... (solo nel monastero di Cluny passavano 17.000 poveri all'anno). L'ospitalità monastica venne progressivamente a saldarsi con quella ospedaliera: non a caso ospizio e ospedale hanno *hospes* come medesima radice.

Le figure specializzate in grado di preparare medicamenti naturali efficaci si formarono grazie allo studio di testi classici sulle piante medicinali. Gli stessi monaci furono i primi a tradurli dal greco o dall'arabo. In particolare apprezzavano le opere dello pseudo-Ippocrate e soprattutto di Galeno, per la sua razionalità e per la sua dipendenza dalla logica aristotelica.

Nei secoli X-XI particolarmente noti erano i trattati di Dioscoride Pedanio, *De Materia Medica*; la *Medicina Plinii*, il *De simplicium medicamentorum temperamentis ac facultatibus* di Galeno, e il *De viribus herbarum* di Odone di Meung. La capacità sinergica di servirsi di fonti storiche e di culture di vario tipo porterà poi all'istituzione della famosissima Scuola salernitana, cui i monaci diedero un contributo decisivo (basti pensare all'opera di Alfano, monaco di Montecassino e arcivescovo di Salerno dal 1058 al 1085).

Inizialmente il *monacus infirmarius* si serviva di un confratello giardiniere che coltivava le erbe medicinali (*simplicia medicamenta*) in un orto botanico (*hortus sanitatis*) ad uso esclusivo della farmacia interna, che allora si chiamava "spezieria".

Avendo inoltre una dieta basata prevalentemente sui vegetali, monaci, eremiti e anacoreti erano portati a interessarsi di piante ed erbe; simili in un certo senso agli uomini primitivi, sperimentavano su di loro le proprietà terapiche delle specie vegetali che crescevano attorno a loro o che loro stessi coltivavano. Ogni monaco finiva assai presto per diventare medico di se stesso.

Ad un certo punto mostrarono d'aver conoscenze tali che la gente comune non aveva dubbi nel considerarli alla stregua di maghi e stregoni. Ildegarda di Bingen (1098-1179), badessa del convento di Rupertsberg, scrisse due libri che raccoglievano tutto il sapere medico e botanico del suo tempo e che vanno sotto il titolo di *Physica* ("Storia naturale o Libro delle medicine semplici") e *Causae et curae* ("Libro delle cause e dei rimedi o Libro delle medicine composte"). In essi non solo non si separava la mente dal corpo, ma si prevedeva anche l'uso contemporaneo di musica, arte, contemplazione, dieta, preghiera, erbe per calmare e curare.

Gli ostacoli all'esercizio della pratica medica non era posti da chi non si fidava della competenza scientifica dei monaci, ma, al contrario, da chi, svolgendo la medesima professione negli ambienti urbani, non sopportava una concorrenza ritenuta sleale. Di regola infatti i monasteri non solo ricevevano lasciti e donazioni che ne aumentavano in maniera spropositata i patrimoni, ma erano anche esentati dal pagamento di imposte e tributi.

Furono gli speziali, gli antenati degli odierni farmacisti, che, associati in corporazioni, chiedevano insistentemente che i monaci non esercitassero la loro professione medica al di fuori dei loro conventi. E non potevano certo accontentarsi delle disposizioni ecclesiastiche secondo cui i monaci erano autorizzati a esercitare esternamente la professione solo a condizione che lo facessero *gratis et amore Dei erga omnes*. Era proprio questo che più minava gli affari degli speziali urbanizzati.

Alla Chiesa premeva soltanto far vedere che i monaci non esercitavano il mestiere per arricchirsi a titolo personale. Va poi detto che il divieto a esercitare la professione non era soltanto frutto di pressioni provenienti dal mondo laico: le stesse autorità ecclesiastiche s'erano accorte che studi troppo assidui di medicina e diritto inducevano i monaci a lasciare i conventi per andare a lavorare nelle città.

I Concili di Reims (1131), di Roma (1139), di Tours (1163) e ancora di Roma (1215), nonché i decreti pontifici del 1227 e 1268, le decretali di Alessandro III (1180) e di Onorio III (1219) contengono disposizioni contro l'esercizio della medicina da parte dei chierici (nella fattispecie soprattutto i benedettini, criticati anche, ma solo inizialmente, da altri ordini regolari: francescani, cistercensi ecc.), ma ormai le abbazie benedettine erano divenute potenti centri feudali in grado di evitare le scomuniche sinodali. Gli stessi francescani, fin dal 1292, avevano autorizzato alcuni religiosi a seguire a Parigi i corsi di medicina (*physica*).

Una spezieria aperta al pubblico nell'alto Medioevo l'avevano

solo i benedettini, ma ben presto la vollero anche i domenicani, francescani, certosini, cappuccini, camaldolesi, carmelitani, gesuiti ecc. Anzi,
ad un certo punto fu proprio a motivo delle ampie conoscenze medico-fitoterapiche che nacque l'esigenza di affidare agli ordini religiosi la gestione degli ospedali e ospizi urbani e suburbani, esterni al centro religioso.

Nella Francia del Cinquecento i frati, giuridicamente, non potevano gestire la spezieria per un'utenza esterna senza essere iscritti alla
relativa corporazione di mestiere, che avrebbe dovuto tenerli sotto controllo. Ma in pratica essi rifiutarono sempre restrizioni del genere, tant'è
che fino a poco prima della rivoluzione dell'89, che mise all'asta la vendita delle farmacie conventuali, ancora ci si lamentava della concorrenza
sleale dei religiosi.

Fino a quando non saranno le realtà laico-urbane a consolidarsi
efficacemente per poter agire in maniera autonoma, tutti i divieti canonici resteranno di fatto lettera morta: l'ultimo sarà addirittura del *Codice di
diritto canonico* del 1917 (c. 139, par. 2).

Tuttavia il concetto di "pharmacia" nacque proprio all'interno
dei monasteri, quale luogo preposto alla vendita esclusiva di prodotti medicamentosi. E sul modello della farmacia monastica si sviluppò quella
laica: di rilievo sono la *Farmacopea manoscritta* di fra' Gregorio da Padova (1663) e l'*Arte chirurgica, medica, farmaceutica* di fra' Vincenzo
Battaglia (1724). Fortunato da Rovigo (1638-1705) divenne celebre per il
suo grande *Erbario* in sette volumi, ora nel museo di Storia naturale di
Verona, opera continuata con altri sei volumi da Petronio da Verona
(1660-1744).

Per secoli ostelli, ospizi, ospedali, foresterie, farmacie, lebbrosari
o lazzaretti furono gestiti in via esclusiva dalle comunità religiose. Probabilmente il loro momento più significativo non fu durante il Medioevo
ma nei secoli XVI-XVIII (in Toscana p.es. non esisteva convento che
non avesse un orto botanico e una spezieria). Ancora oggi esistono ottime farmacie monastiche a Camaldoli, Casamari, Trisulti, Praglia, Certosa di Pavia, Certosa di Firenze, Monte Oliveto Maggiore, Montevergine,
Montecassino ecc. A La Verna l'ultimo speziale, fra' Achille Tocchi,
morì nel 1957. Il convento del SS. Redentore di Venezia dei padri cappuccini, fondato nella Giudecca nel 1576, conserva pressoché intatta la
sua antica farmacia, rimasta attiva sino al 1956.

A Dubrovnik la farmacia, il cui ultimo gestore francescano è
morto nel 1990, svolse ininterrottamente la sua attività per quasi 700
anni, contribuendo in maniera decisiva, sin dalla sua nascita, a debellare
la lebbra e la peste. Essa rimase pubblica anche dopo il decreto di Bene

detto XIV (1741) che voleva limitarla ad usi interni, e anche dopo che l'impero asburgico, nel 1816, cercò di obbligarla all'esercizio, previo apposito diploma imperiale, che ovviamente non avrebbe potuto essere concesso a un chierico.

La farmacia di Dubrovnik fu così importante, nonostante il tragico terremoto del 1667, che distrusse completamente l'archivio del convento, che un suo dirigente, P. Kuzmiĉ, membro del Circolo botanico di Vienna, dell'Associazione di orticoltura di Trieste e della Società malacologica di Bruxelles, fu in grado di interagire con l'attività scientifica e culturale dell'Ottocento europeo.

Ma anche in Palestina, dove sino alla I guerra mondiale esisteva una famosa farmacia francescana pubblica (san Salvatore) a Gerusalemme, furono inviati dei frati molto esperti in medicina, chirurgia e farmacia: p.es. Baptiste de Lubeck o Eugène Roger, che fu medico personale dell'emiro druso Fakhr el-Dîn II. Lo speziale doveva conoscere perfettamente almeno 60 attività di tipo officinale. Nel 1896, in un solo anno, registrò oltre 34.400 ricette.

Nel 1751 il medico e membro delle Società reali di Upsala e di Stoccolma, F. Hasselquist, i cui racconti furono pubblicati dal botanico C. Linneo, cita un famoso balsamo della spezieria di Gerusalemme inventato, dopo 24 anni di studi, da padre Antonio Menzani da Cuna: i suoi 40 ingredienti risultavano molto efficaci contro le epidemie di peste, che flagellarono l'Europa dalla metà del Trecento sino alla metà dell'Ottocento.

Fino al 1670 ai frati era vietato prestare assistenza alle donne. Tuttavia quando i turchi pretesero che un frate si recasse a casa di una loro donna per curarla, sarebbe stato discriminante non agire allo stesso modo nei confronti delle donne cristiane; sicché papa Clemente X li autorizzò a comportarsi come meglio credevano.

Nei monasteri si faceva anche didattica delle scienze farmaceutiche: p.es. nel convento domenicano di Montpellier una sessantina di frati, nel 1309, svolgeva docenza di fitoterapia ai loro confratelli provenienti da altri conventi. E non va dimenticato che l'arte farmaceutica non conosceva tra i monaci differenze di sesso: a Padova p.es. nel 1769 vi erano 20 monasteri femminili con altrettante spezierie.

Evangelista Quattrami, frate agostiniano, passò tutta la sua vita a raccogliere piante medicinali per l'Italia: le coltivava nel Giardino dei Semplici di Monte Cavallo a Roma e le distillava. Scrisse pure vari libri, tra cui uno sulla preparazione della theriaca, una sorta di antidoto universale molto in voga sino al XVIII secolo.

Anche i francescani non erano da meno: Gregorio da Padova

scrisse una *Farmacopea copiosissima di sperimenti secreti*; Donato da Roccadevrando, speziale del convento di Forniello, s'interessò di alchimia e scrisse un *Antidotario*, l'*Arte distillatoria* e l'*Elixir vitae*.

Lo strumento preferito dei francescani era proprio l'erbario (*hortus siccus*), un catalogo di piante schiacciate ed essiccate, per lo più medicinali, che serviva per la docenza e i dubbi della memoria. A partire dal Quattrocento gli *herbaria* cominciarono ad essere illustrati.

L'erbario di frate Fortunato da Rovigo era in sette volumi, cui se ne aggiunsero altri sei da parte del suo collaboratore, frate Petronio Mastagni da Verona.

Padre Giuseppe di Massa Ducale, farmacista speziale dell'Arcifarmacia dell'Aracoeli, compose nel 1738 un erbario con oltre 400 piante medicinali. Gli osservanti dell'Aracoeli a Roma producevano regolarmente theriaca e mitridato, due delle più storiche e più prescritte preparazioni farmaceutiche di tutti i tempi.

In una farmacia conventuale famosa, quella dei cappuccini della Giudecca (a Venezia), sul finire del '500, frate Francesco del Bosco da Valdobbiadene, pur entrato in convento del tutto illetterato, si appassionò così tanto dell'arte medico-farmaceutica che arrivò persino a scrivere *La pratica dell'infermiero*, che in pochi anni ebbe varie edizioni.

A Vallombrosa non ci fu solo un'importante spezieria ma anche una scuola di botanica che dette illustri naturalisti per almeno quattro generazioni.

La perdita delle dotazioni delle farmacie conventuali fu causata dalle soppressioni napoleoniche degli ordini religiosi, confermata dallo Stato unitario (1866). A volte, per sottrarsi all'incameramento, i conventi affidavano le loro risorse migliori a famiglie compiacenti, sperando di poter continuare in qualche modo l'attività.

Tratto da *La Verna, spezieria e speziali*, a c. di A. Menghini, ed. Aboca Museum, Sansepolcro 2003.

Mondo arabo

La caduta dell'impero romano d'occidente consegna all'impero bizantino e soprattutto all'emergente civiltà araba il compito di proseguire e di ampliare gli studi medici e farmacologici elaborati in Grecia, Egitto, India, Cina e Medio Oriente.

La medicina greco-bizantina rimase la forma ufficiale di arte medica fino a quando gli Arabi non occuparono Alessandria d'Egitto. Alessandro di Tralles o Trallianus (527-65), uno dei maggiori esponenti della medicina bizantina, fu uno dei pochi studiosi ad avanzare dubbi sulle teorie galeniche, allora in auge. Viene considerato il padre dell'elmintologia (branca della zoologia e della medicina che studia i vermi parassiti), con la sua opera di terapeutica in 12 libri – *Therapeutiká* – che rimase alla base dell'insegnamento medico per alcuni secoli. Anzi gli studi sulla gotta e sulle malattie dello stomaco vengono considerati validi ancora oggi. La sua opera fu tradotta prima in latino poi in arabo.

Ma dal 500 al 1200 tutti i progressi più significativi nell'area mediterranea e in tutta Europa si devono registrare presso il mondo arabo, soprattutto attraverso la mediazione della Spagna, ove si poterono tradurre le loro opere e conoscere, attraverso le loro traduzioni, le opere di altre culture e civiltà. La scuola di traduttori di Toledo (XII sec.), sotto il patronato dell'arcivescovo Raimondo dell'ordine cluniacense, fu forse la più rinomata, ma tante opere arabe e greche furono tradotte in latino nei monasteri, cattolici e ortodossi.

Damasco, Baghdad, Il Cairo furono i principali centri di diffusione della cultura medica araba. Nei bazar di Baghdad si potevano acquistare almeno 1400 piante medicinali diverse.

Al mondo arabo si deve la nascita dell'alchimia, che significa "mescolamento" e che può essere considerata l'antenata della chimica (ma lontane origini si trovano in Egitto, Cina e Grecia). Si trattava in sostanza di varie preparazioni farmaceutiche, tramite distillazione, riscaldamento, bagnomaria, sia per alambicco che per *discensorium*, con cui si ottenevano vari composti efficaci (alcuni del tutto inediti, come p.es. l'ammoniaca). Sicuramente molto più efficaci di quelle assurde utopie alchemiche denominate "elisir di lunga vita" e "pietra filosofale". L'alchimista Gabir ibn Hayyan (813) venne definito da Ruggero Bacone "magister magistrum".

Agli arabi va anche attribuito il merito d'aver elaborato il primo esempio di farmacopea, cioè una serie di ricette con proporzioni e composizioni, visionate e avvalorate da autorità superiori (Grabadin, scuola di Gondiscipaur, metà dell'XI sec.). La prima farmacia pubblica fu aperta a Baghdad verso la metà dell'VIII sec. d.C.

Gli arabi furono i più esatti nell'indicare le piante con sinonimi e con termini di riferimento. I primi testi farmaceutici dei secoli XI-XII condensano l'esperienza greco-romana e araba (*Antidotarium* di Mesue il giovane; *Compendium aromatariorum* di Saladino d'Ascoli).

Medici come Rhazes o Razi (Abu Bakr Mohammad Ibn Zakariya al-Razi, 864-930), Giovanni Mesue o Mesuè (Abu Zakarija Yahja ibn Masujah, 776-855), Albucasis (Abu al-Qasim al-Zahravi, 936-1013), Averroè (1126-98), Avenzohar (Abu Marwan Zuhr, 1091-1162), Avicenna (980-1037), Abu Muhammad Ibn al-Baitar (1190-1248) tradussero dal greco al latino tutte le opere di Ippocrate, Galeno, Dioscoride, Aristotele, Teofrasto, Rufo di Efeso, Oribasio, Alessandro di Tralles e altri ancora, facendole conoscere a tutto l'occidente, o comunque le utilizzarono ampiamente, realizzando importanti compendi di medicina, chirurgia e farmacologia. È noto p.es. che la medicina di Avicenna e di Avenzoar preferiva alle pratiche "ferramentarie" della chirurgia quelle "medicamentarie".

Abulcasi, nato a Cordova, fu il più grande chirurgo del suo tempo e scrisse ben 20 volumi sulla sua attività professionale (*Practica*). Averroè scrisse un'enciclopedia di medicina. Il *Canone di Medicina* di Avicenna, chiaramente influenzato dal *De Materia Medica* di Dioscoride, ha contribuito, almeno fino al XV secolo, alla formazione di scuole e facoltà di medicina (dopo 500 anni dalla sua pubblicazione il suo *Canone* divenne uno dei testi di medicina obbligatori presso l'Università di Vienna). Ancora oggi, nello Yemen, i medici lo consultano prima della formulazione diagnostica.

L'iraniano Avicenna, peraltro, mise a punto una tecnica di origine egizia, che permetteva la distillazione degli oli essenziali volatili dei fiori: in un alambicco si scaldavano i fiori (specie le rose), il cui vapore condensato si trasformava in profumo distillato. Lo stesso Plinio fa risalire ai persiani l'origine dei profumi.

Ibn al-Beitar, medico degli emiri, ampliò l'opera di Avicenna e redasse il più completo trattato musulmano in fatto di farmacologia botanica, il *Corpo dei Semplici* (*Gamie Al Adwiyah wal-Aghzia*), riportando la descrizione di 1400 sostanze medicinali derivate dalle piante, di cui 300 non citate da Dioscoride: la sua opera fu utilizzata e tradotta fino al 1650 e il suo traduttore, Gerardo di Cremona (1114-87), fondò una scuola medica a Montpellier.

Rhazes, primario dell'ospedale di Baghdad, è stato riconosciuto come uno dei più grandi medici del Medioevo per aver pienamente compreso e messo in pratica le conoscenze mediche greche; uno dei più grandi alchimisti di ogni tempo; scoprì l'impiego dell'alcool in medicina e fu il primo a preparare acido solforico; il primo a fornire una descrizione scientifica del vaiolo; scoprì l'asma allergica e fu il primo a scrivere un trattato sull'allergia e l'immunologia; il primo a capire che la febbre era un meccanismo di difesa naturale del corpo umano; introdusse l'uso di unguenti a base di mercurio e realizzò utensili, come il mortaio, alcuni tipi di spatole, fiasche e ampolle in vetro, che saranno usati dai farmacisti praticamente fino all'inizio del XX secolo. I suoi scritti sono rimasti in uso per più di dieci secoli, specie il *Liber Medicinalis Almansoris*.

Molto apprezzato dagli Arabi fu anche l'ebreo sefardita Moshè ben-Maimon, detto Maimonide (1135-1204), medico di Cordova e della corte del sultano Saladino, per i suoi testi di medicina scritti in lingua araba e liberi da qualsiasi approccio irrazionale o mistico. Egli fu un acceso sostenitore della medicina preventiva, ottenuta attraverso norme igieniche di organizzazione della vita personale e sociale.

In Italia un mercante di Cartagine, di origine araba, convertitosi alla medicina e al cristianesimo, Costantino Africano (1015-87), fu uno degli artefici principali della nascita della Scuola salernitana (primo centro "laico" di medicina nel Medioevo euro-occidentale). Le sue traduzioni in latino di fondamentali testi di medicina scritti in greco, arabo ed ebraico, resero accessibili alla cultura occidentale la medicina e la scienza degli arabi, recuperando un buon numero di opere di Galeno e di Ippocrate cadute in oblio. Fu proprio grazie a lui che si poterono rielaborare i testi arabi adattandoli alla tradizione greco-latina dell'Italia meridionale.

Nella Scuola salernitana ci furono altri autori arabi le cui opere ebbero grande successo: p.es. l'alessandrino Nicolò Mirepso (da non confondersi col Nicolò il Preposito), il cui *Antidotario* fu "legge" per gli speziali di Heidelberg fin dopo la metà del Quattrocento, e il cui *Dynameron* fu adottato dalla facoltà di Medicina di Parigi fino al 1300.

Epoca moderna

La botanica come vera e propria scienza iniziò solo tra la fine del Quattrocento e l'inizio del Cinquecento, grazie alle scoperte geografiche (i *conquistadores* spagnoli scoprirono orti botanici presso gli Aztechi) e all'invenzione della stampa. Il nuovo mondo fece conoscere nuove piante medicinali e commestibili, imponendo una revisione critica di tutte le conoscenze fin allora acquisite. P.es. nel 1536 gli indiani irochesi del Quebec salvarono la vita all'equipaggio del colonizzatore J. Cartier, guarendolo dallo scorbuto. Nessuno a quel tempo in Europa conosceva l'origine di quella malattia, la mancanza di vitamina C.

Ermolai Barbari cercò sia di uniformare la grande varietà di vocaboli usati, che di creare paralleli fra gli antichi testi, permettendo una visione d'insieme più comprensibile (cfr. *Castigationes Plinianae et in Pomponium Melam*).

È noto che nell'antichità le opere botaniche illustrate avevano figure ben disegnate e facili da riconoscere, anche se, con la perdita progressiva della trasmissione orale della conoscenza, la semplice rappresentazione pittorica delle piante non agevolava affatto il lavoro degli esperti del settore, se è vero che già Plinio sosteneva che i rizotomi (raccoglitori di radici) e i farmacopoli (i farmacisti del suo tempo) ritenevano spesso insufficienti le descrizioni che permettevano il riconoscimento delle piante medicinali. Non solo, ma nelle successive trascrizioni amanuensi le figure subirono un inevitabile processo di semplificazione e stilizzazione, fino a diventare quasi del tutto irriconoscibili.

Sicché nel XVI secolo, per venire incontro alle scarse conoscenze dei medici nel campo della botanica curativa, nacquero i primi "erbari secchi", che favorirono una più esatta identificazione delle piante. Questo fu possibile dopo l'invenzione della stampa (1440). È la stampa che permette l'edizione nel 1469 a Venezia della *Naturalis Historia* di Plinio e quasi dieci anni dopo la versione latina, curata da P. A. Mattioli, della celebre opera di Dioscoride.

E che permette anche l'edizione nel 1498 del *Ricettario fiorentino*, la prima farmacopea scritta in volgare, in grado non solo di superare lo scollamento, causato dal latino, tra dottori/speziali e pubblico, ma anche di uniformare le prescrizioni e la preparazione dei medicamenti, riducendo il numero elevato di piante medicinali agli esemplari più significativi o più usati o più reperibili sul mercato. Sancendo regole precise che assicurassero un futuro allo speziale, che non poteva essere confuso col "droghiere", con tale farmacopea si sperava altresì di arginare i crescenti episodi di ciarlataneria e di sofisticazioni. Servendosi delle lezioni dioscoridea e galenico-araba, essa descriveva piante, droghe, medicamenti nelle loro proprietà, nelle procedure compositive e dissociative, nelle modalità di confezione.

Il *Ricettario* fu così importante che la seconda edizione, mezzo secolo dopo, restò nella sostanza immutata. La sua autorevolezza la compresero bene anche gli autori dell'*Antidotario Mantovano* (1506) e di quello *Bolognese* (1575), che su quello si basarono quasi completamente, a differenza invece di quello *Romano* (1675), in grado di avvalersi dell'apporto collaudato delle erbe provenienti dal Nuovo Mondo.

Va detto tuttavia che gli speziali, nella pratica quotidiana, tendevano a privilegiare le farmacopee private, meno soggette a limitazioni legislative e più capaci di fornire informazioni "extra" su ogni singolo farmaco e sulla sua preparazione farmaceutica. Lo dimostra il notevole successo che ebbe, soprattutto nella Repubblica Veneta, il *Lessico Chimico Farmaceutico* di Giovanbattista Capello.

Per tutto il periodo rinascimentale, sino alla fine dell'800, la botanica ha avuto carattere sistematico, avvalendosi di opere iconografiche sempre più fedeli agli originali naturali, al punto che proprio nel Cinquecento il suo insegnamento viene separato dalla farmacologia e farmacognosia. Ne restò affascinato anche Leonardo da Vinci, che studiò p.es. la fillotassi, il geotropismo negativo, la spinta radicale e i cerchi annuali negli alberi.

Tuttavia la riproduzione scientifica a stampa degli erbari e delle opere di botanica non influì affatto sulla divulgazione popolare dell'uso delle piante, quanto piuttosto sulla possibilità di formare una categoria di medici specializzati, in possesso di diplomi accademici. Le conoscenze popolari, prevalentemente rurali, marciavano su binari paralleli e, per molti versi, antagonistici, come testimoniano i tristissimi episodi europei, tra il 1560 e il 1630, della cosiddetta "caccia alle streghe".

L'*Herbarium Apuleii Platonici ad Marcum Agrippam* è il più antico erbario illustrato di epoca moderna pervenutoci, stampato a Roma nel 1481 dall'umanista siciliano J. P. de Lignamine, il quale disse d'essersi basato su un manoscritto conservato nel monastero di Montecassino: vi sono descritte 130 piante. A esso fece seguire altre pubblicazioni, edite anche in Germania. Qui infatti fu pubblicato nel 1530-32, dal tedesco O. Brunfels, l'*Herbarium Vivae Icones*, che descrive cento generi di piante e contiene, per la prima volta, figure xilografiche di 271 specie.

Molto famoso anche quello del bavarese L. Fuchs (padre della botanica tedesca), apparso a Basilea nel 1542, col nome di *De Historia*

Stirpium (*New Kreuterbuch* l'anno dopo), ove le piante raffigurate sono in grandezza naturale e dove è presente il primo tentativo di stilare una loro nomenclatura scientifica, sicuramente molto più precisa rispetto a quella del contemporaneo Brunfels. Fu rapidamente tradotto in tedesco e francese e ristampato in edizione di dimensioni ridotte per lo studio universitario.

Quello del botanico tedesco H. Bock (Tragus), uscito a Strasburgo nel 1546, contiene 465 xilografie, cui ne sono state aggiunte altre 70 nell'edizione del 1551.

Tra gli italiani sicuramente il più importante testo scritto in volgare è quello del medico senese P. A. Mattioli (1500–77), *Commentarii in Dioscoridem*, del 1544, tradotto in quattro lingue con più di 60 edizioni, di cui la prima con oltre mille illustrazioni di piante a tutta pagina. Mattioli non fu un accademico ma il suo lavoro enciclopedico, vero repertorio di tutta la scienza medica e botanica del tempo, divenne un testo universitario molto apprezzato. Non a caso egli fu considerato il fondatore della Botanica farmaceutica, cioè come colui che tentò per primo di congiungere due discipline che proprio allora avevano iniziato a separarsi.

In particolare Mattioli tentò di ripristinare la medicina dei tempi di Dioscoride, ridimensionando di molto la materia medica medievale. A suo parere, infatti, molti dei classici erano stati distorti a causa della componente alchimistica della tradizione araba, e anche perché le troppe traduzioni, dal greco all'arabo e dall'arabo al latino, avevano corrotto il messaggio originario. Tale opinione gli venne contestata da chi faceva osservare che proprio grazie agli arabi gli erbari avevano introdotto piante del tutto sconosciute in Europa.

Mattioli comunque aumentò il *De Materia Medica* di Dioscoride di circa quattrocento piante (soprattutto della regione Alpina), mai descritte prima. E nonostante non s'avvalse mai di una collezione di esemplari essiccati, il successo di quest'opera tra gli speziali si prolungò sino alla metà del XIX secolo. E non solo di quest'opera, ma anche di quella rivolta espressamente alle donne: la *Tavola di tutti i Semplici Medicamenti* (1568), con cui si fece il punto delle conoscenze dell'arte cosmetica, inaugurando una nuova serie di trattati, dagli *Ornamenti delle donne* (1574) di Giovanni Marinello al *De Arte Comptoria* di Giovanni Colle. Il che indurrà Onorato Castiglioni a introdurre per la prima volta delle nozioni di cosmesi nel suo *Antidotario Milanese* (1678).

W. Turner, uno dei primi scrittori di ornitologia e botanica inglese, pubblicò nel 1551 il *New Herball*, il più noto di tutti i suoi lavori, che rappresentò una pietra miliare nella storia della botanica e dell'erboristeria del suo paese, al punto che nel 1790 gli fu attribuito il titolo di "Padre della Botanica Inglese".

In Inghilterra era molto conosciuto anche l'erbario del botanico J. Gerard, del 1597, soprintendente dei giardini di William Cecil, consigliere della regina Elizabeth. Il suo *Herball* tuttavia, là dove non cita le piante del suo proprio giardino e dell'America del Nord, si basa prevalentemente sul *Cruydboek* del medico fiammingo e botanico R. Dodoens, del 1554, il quale a sua volta deve molto al testo, già citato, di L. Fuchs.

La prima cattedra universitaria di *Lectura simplicium* (botanica sperimentale) fu istituita a Padova nel 1533, seguita subito dopo da Bologna (1539), dove la cattedra di Botanica era tenuta dal docente Luca Ghini, che richiese anche un Orto dei Semplici ove coltivare le piante medicinali da far riconoscere ai propri allievi. L'indifferenza del senato accademico di fronte alla sua richiesta lo indusse ad accettare l'offerta del granduca di Toscana, che lo voleva anche come medico personale, di trasferirsi a Pisa, ottenendo l'appoggio necessario per fondarvi, intorno al 1544, l'Orto botanico.

L'Orto pisano è oggi ritenuto da molti il più antico del mondo, sebbene il primato gli sia contestato dall'Orto botanico di Padova (1545) e persino dal *Viridarium Novum*, sorto grazie a papa Nicolò V, che dal 1447 raccoglieva tra le mura vaticane piante giunte da ogni dove. Si pensi che quelli di Londra e di Parigi verranno realizzati un secolo dopo, nel 1631 e 1635, quello di Berlino nel 1815 e quello di New York, nel Bronx, alla fine del XIX secolo. Quello di Parigi, coi suoi oltre 10 milioni di campioni, è il maggiore del mondo.

Luca Ghini, che nel 1550 fondò anche l'Orto botanico di Firenze, si può considerare uno dei più insigni botanici di tutti i tempi, maestro di A. Cesalpino (fondatore della moderna Sistematica vegetale), di P. A. Mattioli, di U. Aldrovandi e di altri insigni botanici. Fu il primo autore di un "erbario" nel senso moderno del termine: alla sua scuola dobbiamo, infatti, l'idea di sostituire gli "erbari figurati" del Medioevo con erbari veri, costituiti da piante o parti di esse disseccate, sottoponendole a forte pressione tra fogli di carta (*hortus siccus*). Tutte le opere di Ghini, gli erbari e i disegni sono andati perduti; ci rimane solo quanto riportato da alcuni suoi allievi come Maranta, Anguillara, Cesalpino, ma soprattutto Aldrovandi (1519-1605), che lo sostituirà nella cattedra di botanica.

La *Storia Naturale* del naturalista, botanico e entomologo Ulisse Aldrovandi (1522-1605), considerato da Linneo e da Buffon il fondatore della Storia Naturale moderna, contribuì a dare un notevole impulso al rinnovamento delle scienze naturali (e della botanica in particolare) nel XVI secolo.

Egli realizzò uno dei primi musei di storia naturale, in cui si potevano studiare 18.000 "diversità di cose naturali" e 7.000 "piante essiccate in quindici volumi". Nel 1561 inaugurò la prima cattedra di scienze naturali a Bologna con il nome di "Lectura philosophiae naturalis ordinaria de fossilibus, plantis et animalibus". Su sua proposta il Senato bolognese istituì nel 1568 l'Orto Pubblico, che fu diretto per i suoi primi 38 anni dall'Aldrovandi stesso.

A causa di una disputa con i farmacisti e dottori di Bologna sulla composizione di una medicina popolare, nel 1575 fu sospeso da ogni carica pubblica per cinque anni. Nel 1577 riottenne la docenza grazie all'intervento di papa Gregorio XIII (cugino di sua madre), il quale gli diede anche un aiuto finanziario per la pubblicazione delle sue opere. Alla sua morte (1603) lasciò l'intero patrimonio scientifico al Senato di Bologna.

Durante il Rinascimento si sviluppa la concezione della "segnatura", accennata in Matteo Silvatico (1285-1342) detto il Pandettario, medico della Scuola Salernitana, e teorizzata, nella sua lingua madre, da Philippus Aureolus Theophrastus Bombastus von Hohenheim, detto Paracelso (1493-1541), alchimista, erborista e farmacista, astrologo, medico e filosofo svizzero.

Con lui inizia il periodo degli studi chimici, che precorre la sintesi dei prodotti. La scienza si concentra sul principio attivo della pianta, che lui stesso chiamò "quinta essentia", e grazie ai suoi studi si arriverà alla scoperta degli alcaloidi e dei glucosidi allo stato puro. Le "droghe" o "essenze", fino allora considerate un tutto inscindibile, diventano così un insieme di sostanze fra loro selezionabili ed estraibili, usabili separatamente o insieme. Lo "speziale" ora è un vero e proprio "farmacista".

Influenzato dal clima riformistico della sua epoca, Paracelso, puntando sull'esperienza medica diretta, fece bruciare pubblicamente dai suoi studenti i testi di Ippocrate, Galeno ed Avicenna, bollandoli come ignoranti in materia medica (per questo gesto venne chiamato "il Lutero dei medici"), e sviluppò una teoria, quella appunto della "segnatura", che di scientifico però aveva assai poco. Ingenuamente infatti egli riteneva che Dio avesse "segnato" con segni indelebili i farmaci, affinché l'uomo fosse in grado di riconoscerli facilmente. Così, p.es., la pulmonaria avrebbe foglie macchiate di bianco per ricordare i polmoni che deve curare; l'eufrasia, il cui fiore ricorda la forma dell'occhio, serve per le malattie di quest'organo.

Anche se con questa teoria si scoprirono casualmente reali virtù medicamentose, il merito principale di Paracelso (dal punto di vista dell'evoluzione chimica della fitoterapia) sta piuttosto nell'aver intuito che si poteva estrarre dalle piante il loro principio attivo, isolandolo da tutto il resto, nella convinzione che potesse avere una maggiore efficacia nella cura delle malattie. Oltre a questo, decisivo fu il suo contributo, per la nascita della chimica farmaceutica, nella preparazione di numerosi sali metallici, dello zolfo precipitato, dell'arsenico, dell'ossido rosso di mercurio e di molti altri composti.

Nelle "officine della salute" (i primi laboratori della nascente protochimica), lo speziale si trasforma decisamente in alchimista e la sua scienza diventa uno dei pilastri della medicina moderna. Paracelso diceva che gli alchimisti devono estrarre come i minatori e raccogliere come gli agricoltori, per produrre farmaci. Il suo aforisma antigalenico era "similia similibus curantur", che però, alla resa dei conti, aveva più valore antropologico che farmacologico, nel senso che i malati andavano curati più con un buon medico che non con una buona medicina.

In effetti, non essendoci ancora un riscontro effettivo, dimostrabile, dei nuovi preparati alchemici, a fini terapeutici, le teorie di Paracelso arrivavano in realtà a relativizzare cure e malattie, anticipando addirittura la cura palliativa denominata "effetto placebo". Non a caso i suoi seguaci arriveranno ad abolire totalmente l'uso delle piante, dando inizio a quella parte della chimica che studiava i medicamenti, detta "iatrochimica". Curioso il fatto però che proprio lo studio accurato del bilancio dei fluidi corporei si ponesse decisamente sulla scia tracciata diversi secoli prima da Ippocrate, il cui insegnamento era stato accantonato da Paracelso e dai suoi seguaci.

Nella distillazione comunque si cominciarono a usare prodotti nuovi: solventi, alcool e acido acetico. Il ricercatore svedese Scheele fu presto in grado di isolare alcuni princìpi attivi come gli acidi ossalico, citrico, gallico e malico.

In Inghilterra, nell'arco di circa mezzo secolo, furono pubblicati importanti erbari illustrati di J. Gerard (1597), J. Parkinson (1640) e N. Culpeper (1652). Quest'ultimo tradusse in inglese la *Pharmacopeia Londinensis*, il principale manuale latino dei medici accademici del tempo, e scrisse nel 1652 *Il medico inglese* (*Compleat Herbal and English Physician*), in cui proponeva, non senza evidenti esagerazioni, soluzioni economiche per curarsi da soli, evitando gli esosi rimedi dei farmacisti del tempo. Divenne in breve tempo l'erborista più popolare: solamente Shakespeare e la Bibbia lo superarono nel numero di ristampe.

La categoria dei medici cercò di reagire pretendendo un monopolio esclusivo nella cura delle malattie, ma il re Enrico VIII lo impedì, favorendo anzi una tradizione praticamente ininterrotta di uso di piante medicinali negli ospedali inglesi.

Culpeper tuttavia riteneva impossibile curare un paziente senza considerare l'influenza dei pianeti. Secondo lui ogni parte del corpo umano veniva controllata da un pianeta diverso: il cuore dal Sole, i genitali da Venere, le ossa da Saturno ecc. Quindi il medico doveva abbinare l'uso delle erbe alle conoscenze astrologiche: angelica e calendula al Sole, timo e fiore di sambuco a Venere, consolida maggiore ed equiseto a Saturno ecc.

Queste strane teorie magico-naturalistiche non furono rare nel XVII secolo: erano una conseguenza del fatto che le ricette mediche, essendo molto complicate, non permettevano di indicare con precisione quale ingrediente fosse davvero efficace nella cura di una malattia. Si pensava che le erbe dovessero curare di per sé, a prescindere da tradizioni consolidate e tanto meno da un approccio olistico alla persona malata, per cui, quando ci si accorgeva che il loro effetto non era sicuro, si cercavano altre strade fantasiose.

Se vogliamo, anche per tutto il XVIII sec. non si fanno progressi significativi né in direzione di una sostituzione della fitoterapia naturale con la chimica di sintesi, né in direzione di un recupero sostanziale della fitoterapia classica, basata su princìpi naturali. Si vive in una sorta di limbo, in cui si sperimentano continuamente nuove soluzioni che pretendono d'essere scientifiche, in quanto basate su nuove tecnologie.

La scoperta delle medicine naturali delle popolazioni indigene americane non aiuta affatto gli europei, se si escludono gli inglesi, a capire che il percorso scientifico verso la sintesi chimica non era la soluzione migliore per curare le malattie.

Per tutta l'epoca moderna, in forza del meccanicismo cartesiano-galileiano, l'organismo umano viene interpretato come una sorta di macchina o di alambicco in cui si mescolano sostanze umorali, fluide; non si riesce a vederlo come un'unità di mente e corpo né come un elemento appartenente alla natura. In tal senso fanno scuola le opere di Boyle, *The Sceptical Chemist*, del 1661, che fa nascere la chimica come scienza, e *De motu cordis* di W. Harvey (1628), il primo scienziato a descrivere accuratamente il sistema circolatorio umano, e *De motu animalium* di G. A. Borelli (1680), che tratta dei movimenti esterni e dei moti interni (muscoli, respirazione, attività nervosa) dei corpi, attribuendo cause fisico-meccaniche ai fenomeni organici e alle funzioni fisiologiche.

Anche l'opera di G. B. Morgagni, *De sedibus et causis morborum per anatomen indagatis* (1761) non ha alcun valore per la fitoterapia, pur essendo egli il padre della patologia moderna. Ormai la strada che si sta percorrendo è quella di una netta separazione dell'uomo dalla natura e quindi del botanico dal medico.

Non riesce a rilanciare la fitoterapia neppure l'enorme sforzo compiuto dal naturalista, biologo e medico svedese Carl von Linné (Linneo) (1707-78) che in tre volumi elenca, descrive e riclassifica l'intero universo vegetale.

Ormai gli unici veri progressi si registrano solo in campo chimico, per quanto non ancora decisivi come lo saranno nell'Ottocento. Il farmacista di origine tedesca, K. W. Scheele (1742-86), inaugura la chimica farmaceutica scoprendo l'ossigeno, gli acidi formico, urico, lattico, citrico, malico e la glicerina. Si apre la strada alla chimica organica, mentre A.-L. Lavoisier (1743-94) confuta la vecchia "teoria del flogisto" ponendo le basi della nuova chimica quantitativa.

D'altra parte, anche quando vi era la possibilità di una ripresa sicura delle tradizioni fitoterapiche naturali, come nel Nuovo Mondo, la seconda ondata di colonizzatori europei, arrivata all'inizio del XVII secolo, non fece altro che ostacolare le pratiche mediche degli indigeni, giudicate "selvagge", prediligendo erbe medicinali importate o erbe europee in grado di crescere in quella zona di colonizzazione.

Nel migliore dei casi, come p.es. quello di S. Thompson (1769-1843) o quello di W. Beech (1794-1868), vi fu sì l'ideazione di nuove terapie erboristiche basate su quelle degli indiani nordamericani, ma si evitò accuratamente di riconoscerne la fonte, allo scopo di poterne trarre profitti economici. E comunque anche negli Usa l'uso terapico delle piante fu molto osteggiato dai chimici, tanto che il dottor A. I. Coffin (1790-1866), seguace di Thompson, fu costretto a trasferirsi nel nord dell'Inghilterra, dove fondò scuole di fitoterapia.

Tuttavia la nuova medicina erboristica americana (Fisiomedicalismo) ebbe successo e si sviluppò anche in Inghilterra, al punto che ancora oggi gli erboristi britannici usano una varietà di erbe medicinali nordamericane maggiore rispetto a quella usata dagli altri erboristi europei.

Era un caso particolare, poiché di fatto, nell'arco di due secoli, gli antichi rimedi a base di erbe erano quasi completamente scomparsi in Europa. E non sarà certo il medico tedesco S. Hahnemann (1755-1843) a recuperarli con la sua omeopatia, un sistema di cura basato sulla supposizione che quantità infinitesimali di una data sostanza, come una pianta medicinale, curano una malattia con sintomi identici a quelli che avrebbe una persona sana che ingerisse grandi quantità della stessa sostanza.

L'opinione degli omeopati è che diluizioni maggiori della stessa sostanza non provochino una riduzione dell'effetto farmacologico, bensì un suo potenziamento. Molte ricerche cliniche concordavano però nel ritenere che gli effetti terapeutici dei trattamenti omeopatici non si discostassero in maniera significativa da quelli ottenuti per effetto placebo.

Bisognerà attendere il 1952, prima che l'omeopatia si dia, col medico tedesco, H. H. Reckeweg, una veste scientifica apprezzabile, grazie alla biochimica e all'immunologia: dall'unione di omeopatia e allopatia nascerà l'omotossicologia.

Epoca contemporanea

L'Ottocento inizia in Europa e negli Stati Uniti con l'impegno della chimica farmaceutica di compiere il passo decisivo per superare l'obsoleta fitoterapia. L'obiettivo che si vuole raggiungere è quello di isolare a tutti i costi il principio attivo responsabile dell'effetto curativo, per poterlo purificare e riprodurre in quantità industriale.

Gli studi iniziali si orientano su china, oppio e tabacco. Il primo lavoro scientifico fu quello del farmacista F. W. Sertürner (1783-1841), che isolò nel 1805 la morfina dall'oppio grezzo: era il primo alcaloide ottenuto dalla più celebre droga dell'antichità. Egli infatti dimostrò che nelle piante esistono dei corpi organici azotati, i quali hanno funzione basica analoga a quella dell'ammoniaca. Fino ad allora s'era creduto che le piante non contenessero altro che sostanze acide, resine, carboidrati, albuminoidi. Dopo il 1816 sono numerosissimi gli alcaloidi scoperti.

Nel 1809 L. N. Vauquelin (1763-1829) separa la nicotina dal tabacco e nel 1826 si ottiene nicotina pura. Nel 1820 P.-J. Pelletier e J.-B. Caventou isolano la chinina dalla china e, successivamente, la caffeina dal caffé e la stricnica dalla noce vomica.

Il primo rimedio efficace per il trattamento della malaria impiegato nella storia era stata la corteccia della pianta di Chincona, usata dagli indigeni peruviani da tempi remoti, scoperta dagli spagnoli a Lima nel 1630 e importata in Europa dai Gesuiti. È appunto dalla corteccia di questa pianta che i due chimici francesi ricavano il principio attivo antimalarico in forma pura: un alcaloide chiamato "chinino". Per molti decenni, nonostante i suoi effetti collaterali, il chinino resterà l'unico farmaco antimalarico disponibile.

Tutte queste sostanze (caratterizzate da un comportamento "basico") contenenti azoto e in grado di formare sali in combinazione con gli acidi, vengono chiamate nel 1821 da W. Meissner col termine di "alcaloidi". Un'altra classe di princìpi attivi (senza proprietà basiche), in grado di dare, scindendosi, glucosio, come prodotto secondario, verranno detti "glucosidi", di cui due saranno molto usati in farmacologia: la digitalina (Roger, 1834) e la salicilina (Leroux, 1839).

La scoperta di alcaloidi e glucosidi favorirà enormemente le ricerche di J. von Liebig (1803-73) e di F. Wöhler (1800-82). Liebig arriverà a produrre un estratto di sua invenzione, come alternativa economica e nutriente alla carne.

La nuova farmacologia ottocentesca è un fiume in piena, soprattutto in Germania e in Inghilterra, ma anche in Francia e in Italia. Gli scienziati si moltiplicarono: R. Buchheim, C. Binz, O. Schmiedeberg, R. Virchow, R. Koch, L. Pasteur, C. Bernard, F. Magendie, A. Giacomini, G. Semmola, A. Cantani...

Il farmacista H. E. Merck (1794-1855) fonda nel 1827 la prima fabbrica per la produzione di cocaina e morfina. La rivoluzione chimica avvia il processo di industrializzazione della produzione farmaceutica. Il farmaco diventa un prodotto commerciale-industriale: con 50 kg di corteccia di china si possono ottenere chimicamente circa 2,5 kg di chinino puro. Non più quindi estratti di sostanze vegetali o minerali presenti in natura, ma composti costruiti artificialmente in laboratorio, in grado di svolgere un'azione selettiva sulla parte malata del corpo umano.

E i paesi di cultura o lingua tedesca (Germania e Svizzera) dispongono delle principali industrie chimiche, non solo farmaceutiche ma anche quelle di coloranti: Bayern, Geigy, Sandoz, Basf, Hoffman-La Roche, Ciba, Schering, Hoeshst. Il primo farmaco sintetico, clinicamente utilizzato (la fenacetina), viene prodotto dalla Bayern nel 1888; l'anno dopo la stessa casa commercializza l'aspirina.

In Italia le prime forme di sviluppo farmaceutico industriale si devono a G. B. Schiapparelli (1823), C. Erba (1853), L. Zambeletti (1864), R. G. Lepetit (1868). La prima farmacopea dell'Italia unita apparirà nel 1892: ora le revisioni vengono fatte dal Ministero degli Interni ogni quinquennio.

La chimica di sintesi aveva vinto: era nata una scienza superomistica, per la quale la natura non era più "fine" ma soltanto "mezzo". Alla profonda crisi dei valori etico-religiosi professati dalle confessioni europee, alle contraddizioni generate dalle società borghesi, tutte concentrate a massimizzare i profitti, in opposizione ai loro stessi ideali di uguaglianza, giustizia e libertà affermati in sede giuridica e politica, il capitalismo risponde accentuando il lato tecnico-scientifico della propria cultura, nell'illusione di poter trovare qui risposte più convincenti a propri problemi.

E così, non essendoci più un progetto politico che possa essere condiviso dall'intera società, o dalla sua stragrande maggioranza, che possa soddisfare esigenze generali (la borghesia ha tradito le rivoluzioni del 1848), la scienza preferisce separare l'uomo in tanti frammenti isolati. Alla cura del malato viene sostituita la cura della malattia. Per l'efficacia della medicina la volontà di guarigione del paziente diventa del tutto irrilevante. Grandi concentrazioni di princìpi attivi in pochi grammi sono più sicuri di qualunque altra terapia naturale.

In realtà le cose non andarono esattamente così. I nuovi farmaci di sintesi, infatti, se eliminano o attenuano i sintomi più gravi di malattie che prima, con tempi più lunghi, si potevano curare con erbe naturali, non sono però in grado di ridurre l'incidenza delle infezioni che all'inizio del Novecento costituiscono ancora la maggior parte delle manifestazioni patologiche dell'umanità, anche se sempre più sistematico diventa l'impiego del chinino per la malaria e di vari sieri e vaccini per altre gravi malattie, come p.es. il tetano e la difterite. La scienza infatti non è capace di far assumere al paziente delle medicine che oltre a uccidere i germi patogeni non gli danneggino altri organi.

Un nuovo farmaco, messo in commercio nel 1910 per combattere la sifilide, il salvarsan, derivato dall'arsenico, sembra aprire una nuova strada contro le infezioni. Per il suo lavoro sull'immunità lo scienziato tedesco P. Ehrlich (1854-1915) ha ricevuto, assieme a I. Mechnikov (1845-1916), il Nobel per la medicina nel 1908.

Maggiore successo tuttavia, rispetto alla lotta contro la sifilide, hanno le sue idee sulla chemioterapia, di cui è fondatore, contro le malattie infettive. È la prima vera esperienza di farmacologia sperimentale, in cui si fanno test clinici su una serie controllata di pazienti. Una premessa fondamentale all'impiego successivo prima dei sulfamidici, che saranno negli anni Trenta i primi veri prodotti efficaci in gran parte delle malattie infettive, grazie al ricercatore della Bayer, Gerhard Domagk, e all'Istituto Pasteur di Parigi; poi degli antibiotici, che partendo dalla scoperta casuale della penicillina (estratto di muffa) da parte di A. Fleming nel 1928, troveranno ampie applicazioni cliniche e produzioni industriali soprattutto negli Stati Uniti durante la II guerra mondiale.

La chimica poi scopre gli ormoni (1905) e le vitamine (1911), facendo passi da gigante sulla strada della conoscenza dei processi biochimici che stanno all'origine dei meccanismi fisio-patologici dell'essere umano. Si scopre p.es. che talune malattie come lo scorbuto, il rachitismo, la pellagra sono dovute a carenze di vitamine. Tuttavia l'abbinamento di farmaci a business rende questi ritrovati chimici patrimonio di poche persone.

D. Bovet, dell'Istituto Pasteur, offre nel 1937 un contributo fondamentale riguardo a prodotti chimici del tutto inediti, ad azione antistaminica e antidepressiva, che verranno largamente impiegati nei manicomi verso la metà del Novecento. Nel 1957 questi studi e i successivi approfondimenti gli varranno il premio Nobel per la medicina e la fisiologia. La rivoluzione psicofarmacologica, da lui inaugurata, diventerà impetuosa.

Nel 1949 il dottor F. S. Hench, della clinica Mayo Foundation di Rochester nel Minnesota, comunica formalmente alla comunità scientifica che il cortisone, un corticosteroide sintetico derivato dalla ghiandola surrenale trovato nella bile del bue, possiede proprietà antinfiammatorie. L'aveva sperimentato con successo nei casi di reumatismi articolari acuti.

Tuttavia era necessaria la bile di 4.000 animali per fabbricare un solo grammo di cortisone. Sicché ad un certo punto gli scienziati si rivolsero al mondo vegetale per cercare una pianta da cui fosse possibile estrarlo. Fu così che si scoprì che molte tribù africane avevano usato per secoli lo strofanto, una pianta tropicale, come veleno per le frecce durante la caccia. Fin dal 1861 l'esploratore scozzese D. Livingstone aveva scoperto questa cosa, che però non era mai stata associata ai reumatismi.

Senonché lo strofanto era molto raro e le successive ricerche finirono per trovare un tubero della giungla messicana: la dioscorea, più facilmente utilizzabile (oggi si usano anche le agavi e le yucche).

A partire dagli anni Sessanta milioni di persone cominceranno ad assumere i tranquillanti come fossero un cibo quotidiano: sarà il primo caso di consumismo di massa a produrre farmacodipendenza.

Gli antibiotici ormai sostituiscono il cortisone e l'impiego dei contraccettivi (1956) rende l'umanità in grado di controllare le nascite. Iniziano a essere impiegati i primi diuretici e i primi betabloccanti per il cuore. Si diffondono varie vaccinazioni (l'antipolio è una delle più importanti).

L'ottimismo medico sembra inarrestabile, almeno fino a quando si scopre, nel 1960, che un farmaco ad azione ipnotica, messo in circolazione da un'industria tedesca, aveva procurato la nascita di bambini focomelici. Questo dramma rende indispensabile scoprire gli effetti collaterali negativi dei farmaci, valutando meglio il rapporto rischi/benefici.

Pur essendo evidente che non si possono escludere tali effetti nella somministrazione della maggior parte delle medicine, la scienza chimica non si è arrestata; anzi, a partire dal 1982 si sono sviluppate l'ingegneria genetica e varie biotecnologie molto evolute sul piano scientifico.

Nel 1951 è stata pubblicata la prima edizione di una Farmacopea Internazionale, tendente a unificare le varie farmacopee nazionali. Come noto la farmacopea elenca i farmaci in ordine alfabetico, contrassegna quelli di cui le farmacie non possono essere sprovviste, di ciascuna sostanza indica l'origine, i caratteri farmacognostici e chimici, le reazioni di identificazione e i saggi di purezza, le ricette di uso generale e internazionale che devono essere preparate secondo una formula unica, riporta i nomi brevettati di alcuni prodotti sintetici, le sostanze che devono essere tenute al riparo dalla luce o nell'armadio dei veleni o degli stupefacenti, gli apparecchi o utensili obbligatori per le farmacie, le dosi massime di

alcuni rimedi per uso orale e per via epidermica, i reattivi e altre cose ancora. Insomma una vera "bibbia" per il medico e il farmacista.

Epilogo

In Italia oltre il 70% dei farmaci viene prescritto per le malattie nei cui confronti è maggiore lo scetticismo verso la medicina non convenzionale: quelle cronico-degenerative.

Il 40% degli italiani assume una dose di antibiotici almeno una volta l'anno, rendendo così i virus sempre più forti.

L'uso degli antidepressivi da noi aumenta di quasi il 30% ogni anno.

Stanno progressivamente aumentando le cosiddette malattie "iatrogene", quelle causate proprio dalle cure convenzionali: negli Stati Uniti sono già la terza causa di morte, dopo le malattie cardiovascolari e cancerogene.

A partire dal dopoguerra abbiamo quasi completamente abbandonato le coltivazioni di erbe officinali (circa 4.000 specie diverse nel nostro paese), tant'è che oggi la nostra farmacopea ufficiale ne conserva solo un'ottantina e acquistiamo dai paesi est-europei il 75% del fabbisogno nazionale.

Mancano inoltre adeguate strutture universitarie per la preparazione e trasformazione delle suddette erbe da immettere sul mercato.

Gli studi naturalistici sono poco diffusi: non esiste in commercio un testo completo della nostra flora.

Gli abitanti delle grandi città non conoscono le piante più comuni. Proliferano invece i negozi erboristici (che, sommati alle farmacie tradizionali munite di apposito reparto erboristico, superano gli 8.000 punti vendita), dove spesso il commerciante s'improvvisa medico, farmacista, guaritore non convenzionale.

Ogni anno in occidente mezzo milione di persone muore per patologie legate all'obesità.

Nonostante questi dati allarmanti, abbiamo circa una decina di milioni di italiani che si rivolgono alle terapie alternative, il 16% del totale (in Europa la media è del 25%, con punte del 40% in Francia).

Siamo ancora molto indietro, non solo come italiani, ma anche come "occidentali", rispetto al compito di recuperare un rapporto equilibrato con la natura e quindi con noi stessi. Probabilmente oggi, nell'area dei paesi capitalistici avanzati, i pionieri nella riscoperta della farmacologia naturale sono gli Stati Uniti e l'Inghilterra, gli stessi però che sul piano chimico fanno le sperimentazioni più azzardate.

Non può confortarci il fatto che in tutto il mondo solo il 20% della popolazione si cura con prodotti di sintesi. Infatti è proprio questo 20% che appartiene all'area geopolitica più aggressiva del pianeta, che vuole estendere a livello internazionale il proprio modello socioeconomico e i propri criteri terapeutici.

Il modo migliore per difendersi da questo invadente monopolio della medicina ufficiale è quello di vivere uno stile di vita sano ed equilibrato, è quello di non cercare rimedi drastici e immediati quando sopraggiungono dei malesseri, è quello di collegare le terapie alternative a un ripensamento generale del modello di sviluppo, è quello di pretendere che la medicina non convenzionale venga riconosciuta sul piano istituzionale (e naturalmente fiscale), è quello di promuovere in tutte le sedi ampi dibattiti sull'argomento per permettere una scelta il più possibile consapevole, è quello di formare, con insegnamenti specifici, degli operatori sanitari di pratiche bionaturali.

È assurdo che millenni di civiltà ci abbiano resi incapaci di essere "medici di noi stessi", ci abbiano reso totalmente ignoranti riguardo all'uso delle piante medicinali. Né si può pensare che una conoscenza della ultramillenaria storia delle piante medicinali e del loro uso terapeutico debba avvenire sulla base di un interesse personale e a proprie spese.

Ciò è tanto meno tollerabile quanto più si considera che la medicina ufficiale non riesce assolutamente a rispondere alla domanda di salute che nasce dagli squilibri socioambientali del nostro tempo: si pensi solo all'ansia, alla depressione, allo stress, all'obesità, alle allergie ecc.

Alcuni provvedimenti a favore della libertà di scelta da parte del paziente sono stati presi nell'ambito del parlamento europeo a partire dal 1997 e anche l'Organizzazione Mondiale della Sanità, nel biennio 2001-2002, s'è dichiarata disponibile a perorare la causa delle medicine complementari.

In Italia esiste una normativa L. n. 229/1999 che attribuisce al 95% dei prodotti omeopatici la dignità di farmaci a tutti gli effetti.

Siamo dunque appena agli inizi di quella manovra che nel codice stradale viene definita col termine "inversione a U".

Le medicine alternative

Le tecniche diagnostiche e di terapia cosiddetta "naturale" sono innumerevoli: Iridologia, Vega Test, Kinesiologia, Mineralogramma, Omeopatia, Antroposofia, Fitoterapia, Fiori di Bach, Aromaterapia, Medicina Ayurvedica, Medicina Tibetana, Medicina Cinese, Digitopressione, Shiatzu, Cromoterapia, Chiropratica, Bioenergetica, Medicina olistica ecc.

In comune esse hanno il tentativo di mantenere una visione globale dell'essere umano, cioè la preoccupazione di non affrontare semplicemente il sintomo della malattia, ma di correggere lo stile di vita.

Le più diffuse medicine alternative o non convenzionali in Italia sono quattro:

– **fitoterapia**, basata sull'uso di rimedi naturali non purificati, estratti dalle piante (l'antica erboristeria). Da essa è derivata la farmacopea moderna. L'idea di fondo è che isolando il "principio attivo" – come appunto fa la medicina ufficiale – la pianta perda le sue proprietà terapeutiche. È molto diffusa nei paesi del Terzo Mondo. In Italia 4.000 fitoterapisti esercitano al di fuori di qualsiasi riconoscimento giuridico;

– **agopuntura**, antica pratica terapeutica cinese basata sull'esistenza di canali di comunicazione all'interno del nostro corpo, i quali dalla cute permetterebbero di raggiungere i vari organi. Di qui la stimolazione di precisi punti del corpo, attraverso l'infissione di particolari aghi. Si è diffusa in Occidente agli inizi degli anni Settanta e in Italia si è affermata soprattutto come tecnica del trattamento del dolore (in pratica è l'unica terapia alternativa che ha ricevuto un riconoscimento ufficiale come "atto medico"). Oltre ai 4.000 agopunturisti che operano privatamente, in Italia esistono numerosi centri ospedalieri dove è regolarmente praticata;

– **omeopatia**, nata nel Settecento dagli studi di un medico tedesco, S. C. Hanemann, si basa sulla legge della similitudine, cioè sul presupposto che i "simili" si curano coi "simili" e non coi "contrari" (come invece fa la medicina allopatica). Concependo la malattia come un'occasione di arricchimento dell'organismo, l'omeopatia individua la terapia nella capacità di reazione che il corpo possiede. I rimedi somministrati sono fortemente diluiti perché – secondo questa terapia – la stessa sostanza che a dosi elevate provoca determinati sintomi, a dosi piccolissime li guarirebbe. I medici omeopati in Italia sono circa 1.500 e si sono formati in scuole private post-universitarie. I pazienti sono circa un milione;

– **pranoterapia**, antica pratica indiana, considera l'individuo come un contenitore di energia, la quale sarebbe percepita dal pranoterapeuta attraverso sensazioni di equilibrio (benessere) o di squilibrio. L'operatore, grazie ai propri influssi benefici ("energia bioradiante") utilizzati con particolari movimenti sulla parte malata del paziente, dovrebbe ripristinare l'equilibrio. Fuori da qualsiasi riconoscimento giuridico, in Italia operano circa 30.000 pranoterapeuti.

Sono milioni gli italiani che si curano con queste terapie, eppure, nonostante questo fenomeno di massa, le medicine alternative fanno parte solo marginalmente della medicina ufficiale riconosciuta dalla struttura statale, a differenza p.es. della Francia, dove le cure omeopatiche sono rimborsate dallo Stato, o della Germania, dove si vendono come medicinali almeno 12.000 prodotti fitoterapeutici differenti.

Il fatto stesso che un rimedio omeopatico possa essere venduto nelle erboristerie e che venga catalogato come prodotto dolciario, dimostra che in questo settore domina ancora in Italia molta confusione.

In Italia il ricorso alla medicina alternativa è maggiore tra i giovani di età compresa tra i 25 e i 34 anni, tra le persone in possesso di un titolo di studio universitario e negli strati sociali più elevati. All'estero si riscontra la maggiore diffusione di queste medicine nei paesi a capitalismo avanzato, come p.es. l'Olanda e la Gran Bretagna.

Le spiegazioni date a questo fenomeno di massa sono le seguenti:

– la scarsa previsionalità della scienza, che, non tenendo conto della globalità degli effetti (anche di quelli non voluti), ha contribuito a degradare l'ambiente e quindi la vita umana; di qui il rifiuto della scienza come "conoscenza compiuta" e l'affermazione dell'idea che il corpo si cura con la stessa naturalità del corpo o, quanto meno, con le risorse messe a disposizione dalla natura;

– l'estrema specializzazione e burocratizzazione del ruolo dei medici, portati a considerare più la malattia che non il malato o a vedere il paziente solo come "malato" e non come "persona"; di qui la preferenza accordata a una terapia dove prevale una spiegazione filosofica della malattia, i cui sintomi sono parte di un tutto;

– la ricerca di un'ultima speranza di fronte al male incurabile.

Su quest'ultimo punto la medicina occidentale, da sempre favorevole all'uso di sostanze che aggrediscano dal di fuori le cause della malattia, sembra aver trovato un punto d'incontro con le medicine alternative, specie con quelle rituali dei popoli primitivi.

Recenti analisi biochimiche e farmacologiche hanno infatti dimostrato che il sistema immunitario, determinante nell'evoluzione delle malattie degenerative, è regolato dal sistema nervoso centrale anche a partire da fattori emotivi e componenti psicologiche. In altre parole, il sistema nervoso può agire sia determinando patologie (p.es. le ulcere), sia provocando guarigioni, il tutto alzando o abbassando il livello delle difese immunitarie dell'organismo. Se questo è vero, le prospettive di terapia per malattie post-industriali come cancro e Aids possono avere notevoli convergenze con la medicina rituale.

Di recente in Italia si è costituita una Società di antropologia medica, con sede a Perugia, che pratica la psico-immunologia. I suoi terapisti sostengono che creando uno stato di certezza della guarigione, si stimola il sistema nervoso ad adeguarsi e a realizzarla concretamente, attraverso l'aumento delle difese organiche. Le stesse guarigioni miracolose che avvengono nei pellegrinaggi possono essere spiegate come l'effetto di un pathos collettivo che produce effetti biologici indotti da una sollecitazione di grande potenza del sistema nervoso centrale.

Senza qui voler considerare gli interessi commerciali delle imprese farmaceutiche, è fuor di dubbio che la scienza occidentale ritiene "scientifico" solo ciò che è provato sperimentalmente (in laboratorio). In forza di tali convinzioni, essa, p.es., ritiene che l'omeopatia non sia molto diversa dal cosiddetto "effetto placebo"; che l'agopuntura non sia altro che una forma di stimolazione di sostanze analgesiche (p.es. le endorfine) già presenti nel cervello; che la pranoterapia sia solo una forma di autosuggestione; che nessuno riuscirà mai a dimostrare che un principio medicinale naturale sia di per sé meno tossico di un medicinale sintetizzato in laboratorio.

In realtà la medicina non ortodossa ha di diverso rispetto a quella ufficiale una cosa molto importante: il fatto di prestare maggiore attenzione agli aspetti emotivi e affettivi della persona e di attribuire un valore particolare alle sue esperienze pregresse. La malattia infatti viene considerata come uno squilibrio psico-fisico ed energetico le cui origini possono risalire anche in un lontano passato.

Oggi peraltro pare assodato che nelle patologie degenerative, in cui il sistema immunitario va in tilt, giochino un ruolo fondamentale anche i fattori legati al modo in cui viviamo, come l'alimentazione, l'inquinamento, il fumo o il tipo di reattività agli stress.

In Germania ha conosciuto molta fortuna la medicina antroposofica. Essa p.es. afferma una cosa che a noi forse farebbe sorridere: il vischio è il primo chemioterapico che si conosca. Infatti possiede non solo la capacità di frenare la crescita delle cellule tumorali, ma anche quella di aumentare selettivamente le difese dell'organismo nei confronti della malattia.

I cosiddetti "medici igienisti" ritengono che la loro proposta terapeutica: il *digiuno* (che in fondo ha radici bibliche), sia in grado non solo di prevenire i tumori ma persino di curarli (specie nella fase iniziale). Il corpo, privato di nutrimento esterno, in qualche modo si nutrirebbe da solo, utilizzando prima le riserve, poi le cellule meno importanti (ivi incluse quelle tumorali), purificando e ringiovanendo tutti i processi fisiologici.

La stessa omeopatia mira a ottimizzare le capacità di difesa naturali dell'organismo. Essa non è in grado di guarire i tumori, ma di offrire un'importante funzione di supporto antidolorifica. Queste e altre terapie, favorendo la sopportazione del dolore, permettono al malato di accettare meglio la sua condizione. Lo rendono protagonista di una possibile guarigione.

Negli studi di molti psicosomatisti è infatti emerso che la depressione è il terreno più fertile per l'insorgere del tumore. L'identikit del paziente tumorale è quello di una persona che reprime gli aspetti affettivi, emotivi, che ha uno stile di vita con scarsi interessi, per cui l'esistenza stessa è vissuta come "ingabbiante". Il tumore è l'espressione negativa della voglia di uscire da questa "gabbia". Attraverso il cancro l'organismo compie un cammino evolutivo all'indietro, in quanto le cellule tumorali sono indifferenziate, non specializzate, cioè sono molto simili alle cellule embrionali.

Riflessioni di questo genere non possono essere ignorate dalla medicina ufficiale. Come non è possibile che le medicine alternative si limitino a vedere il paziente ognuna dal suo particolare angolo prospettico, senza un confronto serrato con la medicina allopatica.

Scheda ad uso didattico

Introduzione

Credere o non credere alle proprietà terapeutiche delle erbe? Porre la questione in questi termini è anacronistico. L'erboristeria moderna non è un credo o una fede.

Chimica, biologia, medicina hanno messo ordine nel settore. Dalla fiducia acritica del passato o al rifiuto pregiudiziale di tempi recenti oggi si sta passando a un nuovo approccio; consapevole, obbiettivo e riscontrabile. La scienza pura in erboristeria con metodi e dimostrazioni moderni, pur eliminando molti aloni magici e indicazioni non riscontrabili, ha riconfermato nel complesso la validità della tradizione. Nel passato la sperimentazione clinica superava di norma quella farmacologica: un particolare rimedio naturale "funzionava" e questo bastava per giustificarne l'utilizzo.

Oggi, spesso, si conosce anche il principio attivo e il conseguente meccanismo d'azione del rimedio utilizzato. La chimica farmaceutica di sintesi a volte ha riprodotto molecole presenti in natura per creare farmaci anche molto attivi, per questo è frequente il paradosso di chi scredita pregiudizialmente le erbe per poi utilizzarle senza saperlo.

Il mondo vegetale è un laboratorio chimico unico. Partendo da sostanze semplici sintetizza innumerevoli e complesse sostanze chimiche, ma non per questo la fitoterapia è una panacea né esclude la medicina allopatica.

Avvertenza

Queste schede di erboristeria, assolutamente non esaurienti, sono state elaborate unicamente per indicare punti di riferimento per un iter didattico razionale. Non sono pertanto riportati consigli sull'uso specifico di piante officinali in relazione a patologie che sono unicamente di competenza medica. L'autore declina qualsiasi responsabilità per quanto riguarda l'utilizzo improprio delle piante che crescono spontaneamente o che sono coltivate in tutto il mondo, citate, a puro scopo didattico, in queste schede.

I princìpi attivi delle piante medicinali

Princìpi attivi sono quelle sostanze contenute nei vegetali che agiscono sull'organismo umano e possono essere utilizzate a scopo terapeutico.

La parte di pianta che contiene i princìpi attivi viene definita droga. I princìpi attivi vegetali comprendono diverse categorie chimiche. La presenza quali-quantitativa dei princìpi attivi contenuti nella droghe e nei loro preparati può essere determinata con analisi specifiche anche sofisticate (gascromatografia).

La pianta ospita più princìpi attivi (molecole dotate di attività farmacologica e terapeutica) che interagiscono armonicamente tra loro, in un gioco di sinergie e antagonismi, e che sono in grado di produrre un effetto farmacologico diverso da quello del singolo principio attivo.

L'insieme di princìpi attivi contenuti nella singola pianta prende il nome di fitocomplesso che agisce, in maniera globale, su più disfunzioni organiche. Frequentemente l'azione farmacologica del fitocomplesso (l'insieme dei princìpi attivi contenuti nella droga in toto) può essere superiore a quella del principio attivo estratto e somministrato singolarmente oppure sintetizzato.

L'estrazione del fitocomplesso avviene con diverse tecniche, a seconda della parte della pianta da sottoporre al procedimento e a seconda del tipo di preparazione che si vuole ottenere. Generalmente le piante vengono dapprima essiccate e finemente triturate, quindi sottoposte all'azione di un solvente – spesso alcol – al fine di estrarne i princìpi attivi. Talvolta alla triturazione può far seguito la semplice polverizzazione: tale processo è utilizzato quando il prodotto finale è una compressa di erbe, i cui princìpi attivi vengono "estratti" dai processi digestivi di chi l'ha assunta. Il modo più antico e di immediato utilizzo è rappresentato dalla tisana o decotto. Se l'acqua bollente è versata sulle erbe come si fa col tè si ha una tisana o infuso; se invece le erbe bollono nell'acqua per un certo periodo si ottiene un decotto. I limiti di tali preparativi sono la perdita di molti dei princìpi attivi, a causa del calore eccessivo, e spesso l'inadeguatezza della dose, in relazione alle modalità di estrazione.

La fitoterapia utilizza da tempo sistemi industriali di estrazione dei princìpi attivi in grado di alterare il meno possibile il valore terapeutico del fitocomplesso e di offrire preparazioni finali facili da utilizzare, il cui titolo in princìpi attivi sia sufficientemente elevato.

Cenni di farmacologia

La farmacologia studia la chimica e le proprietà dei princìpi attivi e i loro meccanismi d'azione sui vari organi e apparati dell'organismo umano e animale, la posologia e il corretto impiego terapeutico.

I meccanismi d'azione dei princìpi attivi (P.A.) sono molteplici e non sempre noti. Recettori nervosi o cellulari specifici possono essere attivati da particolari princìpi attivi. È come se avessimo delle chiavi (P.A.) che aprono una particolare serratura (recettore specifico). Lo stimolo chimico genera degli impulsi nervosi che danno la risposta farmacologica; come quando un dito (P.A.) pigia un interruttore e si accende la lampadina (risposta farmacologica). A volte i princìpi attivi possono inibirsi a vicenda (antagonismo) o aumentare la loro azione specifica in modo maggiore della somma del loro impiego singolo; in biologia a volte le regole matematiche non contano e 3 + 3 non è 6, ma 8 oppure 10 (sinergia).

Cenni di farmacognosia

È evidente che per conoscere le proprietà farmacologiche delle piante medicinali, oltre a una precisa identificazione e classificazione botanica, è indispensabile conoscerne i princìpi attivi contenuti (farmacognosia).

La conoscenza farmacognostica è certamente la dote fondamentale dell'erborista. Nella formulazione e utilizzo delle piante l'operatore consapevole dei princìpi attivi utilizzati e delle loro attività farmacologiche potrà lavorare al meglio favorendo sinergismi ed evitando antagonismi. Comparerà le varie droghe sostituendo eventualmente quelle dannose perché tossiche (o delle quali è sprovvisto) con altre tollerabili (o aventi proprietà analoghe).

Utilizzerà la stessa pianta per affezioni anche molto diverse. Potrà con criterio giudicare formulazioni proposte da terzi, scartando quelle improprie, scriteriate o dannose.

I princìpi attivi vegetali sono stati ordinati nei seguenti grandi gruppi: alcaloidi, eterosidi, oli essenziali, sostanze resinose, mucillagini, sostanze amare, sostanze tanniche. Principi attivi appartenenti allo stesso gruppo, pur avendo affinità chimiche, possono avere azione farmacologica e impiego terapeutico radicalmente differente.

Alcaloidi

Gli alcaloidi sono caratterizzati dal fatto che, come le basi, combinandosi con gli acidi danno sali cristallizzati. La scoperta e l'estrazione degli alcaloidi dai vegetali risale all'inizio dell'Ottocento. Negli ultimi duecento anni sono stati isolati oltre duemila alcaloidi.

Gli alcaloidi presenti nelle piante sono sempre mescolati a basi affini. Una stessa pianta può contenere una grande varietà di alcaloidi. Il papavero da oppio contiene nel suo lattice circa 25 alcaloidi differenti. Inversamente uno stesso alcaloide può trovarsi in piante appartenenti a famiglie molto differenti. L'alcaloide caffeina è presente nel Caffè, nella noce di Cola, nel Tè e nel Guaranà.

Quasi tutti gli alcaloidi desumono la denominazione da quelle piante da cui furono estratti la prima volta. Gli alcaloidi sono caratterizzati da una notevole farmacodinamica con azione fisiologica varia che interessa più organi e apparati. Dei duemila alcaloidi noti ricordiamo la morfina ad azione sedativa, la codeina ad azione bechica, l'atropina come parasimpaticolitico e la chinina ad azione antimalarica.

Eterosidi

Gli eterosidi sono chimicamente caratterizzati da una frazione glucidica e una frazione non glucidica (aglicone o genina) prodotti dall'interazione di agenti idrolizzanti (enzimi, acidi) con i prodotti organici contenuti nella pianta.

Inizialmente nella frazione glucidica si riscontrò solo il glucosio, per questo si denominarono "glucosidi". Ora si conosce che la parte glucidica può essere formata da esosi differenti dal glucosio, da qui la denominazione "eterosidi".

Gli eterosidi hanno una notevole importanza terapeutica. Moltissime piante devono l'azione terapeutica a queste sostanze. Ricordiamo gli eterosidi di tipo antrachinonico di Rhamnus phursiana, efficace lassativo, e l'arbutina di Uva ursi, antisettico delle vie urinarie.

Oli essenziali (essenze)

Gli oli essenziali sono sostanze volatili aromatiche costituite da miscele di più composti. Non essendo solubili in acqua sono presenti nella pianta sotto forma di emulsioni, non sempre stabili, che tendono a riunirsi in goccioline.

La costituzione chimica è molto complessa e varia. Ritroviamo idrocarburi, alcoli, aldeidi, chetoni, fenoli. Gli oli essenziali sono prodotti notevolmente concentrati, caratterizzati da molteplici azioni terapeutiche (aromaterapia). Sono, comunque, preparati non esenti da controindicazioni e intolleranze, anche serie, per l'azione irritante sulle mucose dei composti fenolici e neurotossica di alcuni composti terpenici.

Per l'impiego terapeutico ricordiamo, a titolo di esempio, oli essenziali di Pinus silvestris (azione balsamica), Eugenia caryophyllata (azione antisettica) e Melissa officinalis (stimolante nervina e antispasmodica).

Sostanze resinose

Le sostanze resinose sono prodotti d'escrezione complessi disciolti in parte negli olii essenziali. Sono insolubili in acqua e solubili in alcool, acetone o etere. A tale gruppo appartengono le oleoresine e le gommoresine.

Mucillagini

Sono sostanze simili alle gomme, costituite da grandi molecole in genere associate alla cellulosa. Hanno spiccata caratteristica di inglobare liquidi rigonfiandosi e procurando una azione emolliente. Ricordiamo l'azione emolliente di Malva e Althea.

Sostanze amare

Vengono definite "sostanze amare" prodotti vegetali chimicamente non ben definiti, amari al gusto, inodori. Possono essere terapeuticamente attive, ma anche tossiche.

Sostanze tanniche

Le sostanze tanniche (o tannini) sono un gruppo eterogeneo di composti poliidrossifenolici. Trovano impiego terapeutico come astringenti e antinfiammatori.

Preparazioni erboristiche

Estratti

Per utilizzare al meglio i princìpi attivi è possibile liberarli dalle cellule vegetali che li contengono utilizzando solventi adeguati: acqua, alcol etilico, oli, glicoli.

Estratti acquosi

Infuso: si ottiene versando acqua bollente sulla droga fresca o essiccata e sminuzzata, si mescola, si copre e si lascia in macerazione, agi tando di tanto in tanto per un tempo medio di 10 minuti. Si filtra e si consuma. Questo tipo di preparazione viene di norma utilizzato per droghe aromatiche ricche di componenti volatili (oli essenziali) e/o che cedono facilmente i princìpi attivi al solvente (fiori, foglie, sommità fiorite ecc.).

Decotto: si ottiene ponendo la droga fresca o essiccata e sminuzzata nella quantità prescritta di acqua bollente; si copre e si continua l'ebollizione per il tempo necessario a una ottimale estrazione. Si filtra e si consuma. Questo tipo di preparazione è indicato per droghe non aromatiche, non termolabili, legnose e poco permeabili (fusto, radici, cortecce, rizomi ecc.).

Estratti idroalcolici

Tali estratti si ottengono macerando per il tempo indicato a freddo o a caldo, staticamente o dinamicamente (percolazione; turboestrazione), la droga essiccata o fresca, ma sempre sminuzzata o in polvere in una soluzione di acqua e alcol etilico "buongusto" di 95° (soluzione idroalcolica). Il rapporto acqua/alcol e il conseguente grado alcolico della soluzione cambia rispetto alla droga utilizzata e generalmente varia fra i 30° e 70°.

In linea di massima droghe non coriacee, mucillaginose richiedono una bassa gradazione per un'estrazione ottimale, che invece non si otterrebbe con una gradazione più alta. Viceversa princìpi attivi poco solubili in acqua o droghe coriacee richiedono una gradazione alcolica maggiore.

Nel caso di estrazione da droghe fresche va considerata, per la gradazione del prodotto finito, la quantità di acqua già presente naturalmente nella pianta.

Per ottenere la gradazione richiesta per un litro di soluzione idroalcolica si diluirà l'alcol etilico a 95° in acqua potabile con la seguente proporzione: Alcol a 95° x grado alcolico da ottenere / 95. La quantità di alcol a 95° risultante la si verserà in un recipiente graduato e si aggiungerà tanta acqua fino a ottenere l'esatto volume di un litro.

Tintura o Alcolato: occorre una macerazione in alcool, dopo aver sminuzzato o polverizzato la droga, sia in vaso chiuso a 40 gradi di temperatura, sia a freddo. L'operazione si compie in due volte; prima con la metà dell'alcool che s'impiega, successivamente con l'altra metà, protraendo ciascuna delle due macerazioni per 4 o 5 giorni. Dopodiché si spreme il residuo, si riuniscono i due liquidi che sono stati tenuti separati e si filtrano. Le tinture delle sostanze poco attive si preparano nella proporzione droga / solvente di 1 a 5, le tinture di sostanze particolarmente attive nella proporzione di 1 a 10.

Tintura madre: si intende di norma un estratto idroalcolico da pianta fresca con rapporto droga solvente 1 a 5. Il termine "madre" è utilizzato perché trattasi di prodotti di partenza per la produzione, per mezzo di successive dinamizzazioni (diluizioni e agitazioni), di estratti omeopatici. Tali preparazioni sono comunque utilizzate anche in fitoterapia.

Estratto fluido: sono soluzioni di norma idroalcoliche dei quali si fa evaporare sottovuoto il solvente per ottenere un preparato che per ogni grammo contenga 1 grammo di princìpi solubili della droga, ovvero un rapporto droga solvente di 1/1.

Estratti molli: con lo stesso procedimento svolto per la produzione di estratti fluidi si prosegue l'evaporazione del solvente finché il residuo non bagni la carta e abbia una consistenza pastosa.

Estratti secchi: con lo stesso procedimento svolto per la produzione di estratti fluidi si prosegue l'evaporazione sotto vuoto del solvente finché il prodotto finito sia riducibile in polvere. Si tratta di prodotti particolarmente attivi e instabili perché igroscopici.

Altre preparazioni erboristiche

Per utilizzare razionalmente le droghe è possibile utilizzare preparati che ne facilitino l'assunzione e ne standardizzino i dosaggi.

Capsule o opercoli: trattasi di opercoli di gelatina alimentare che vengono riempiti con polveri di droghe e/o con estratti secchi e anche, sempre e solo in aggiunta a tali ingredienti base o eccipienti, con piccole quantità di oli essenziali. Nel caso di rimedi composti occorre miscelare con estrema cura i vari ingredienti prima di incapsularli. Il procedimento di incapsulamento viene eseguito con macchine apposite dette opercolatrici.

Compresse o tavolette: sono dei preparati di consistenza solida che si ottengono mediante la compressione meccanica delle droghe. Delle buone tavolette devono essere caratterizzate da caratteri organolettici facilmente giudicabili come: superficie liscia, regolare; bordi lisci e non slabbrati, colore omogeneo non maculato; sapore e odore accettabili secondo l'uso al quale sono destinate. Altre caratteristiche fondamentali sono: durezza, resistenza meccanica, resistenza all'usura, ma con disintegrazione agevole per facilitare l'assorbimento e l'azione dei princìpi attivi funzionali.

Affinché le erbe esercitino l'azione desiderata, non è possibile comprimerle così come sono. È necessario, per ogni formulazione, aggiungere degli eccipienti specifici: *agglutinanti* come il glucosio, nei casi in cui una forte pressione non permette di ottenere tavolette compatte; *disintegranti* come la cellulosa, capace di assorbire rapidamente l'umidità, rigonfiandosi e permettendo la disintegrazione delle tavolette quando vengono a contatto con l'acqua o coi liquidi organici; *lubrificanti* come gli stearati che facilitano l'espulsione delle tavolette dalla matrice e impediscono l'adesione di esse al punzone.

Riportiamo di seguito i passaggi base per la produzione di compresse erboristiche.

Miscelazione: la prima fase della lavorazione consiste nel miscelare intimamente la quantità ottimale di erbe, opportunamente micronizzate, o estratti secchi con gli eccipienti, onde ottenere una miscela omogenea delle polveri e granulometricamente il più possibile uniforme.

Impasto: si umettano e s'impastano con particolare cura le polveri come sopra descritto con un adatto veicolo: etanolo, acqua, sciroppo di zucchero, soluzione acquosa di glucosio o di amido.

Estrusione oppure granulazione per via umida: ottenuto un impasto denso e omogeneo, questo viene passato tramite estrusore oppure granulatore oscillante attraverso un setaccio che, indicativamente, abbia da 25 a 81 maglie per cm quadrato a seconda della grossezza delle tavolette desiderate.

Essiccazione: ottenuto il granulato umido, lo si stende rapidamente su telai per l'essiccamento che viene effettuato in forno con circolazione forzata d'aria d'ambiente riscaldata. Fondamentale è la rapidità dell'essiccazione per evitare lo svolgersi di processi enzimatici fermentativi.

Granulazione a secco: i granuli essiccati vengono sottoposti a una setacciatura frazionata con granulatore oscillante. A questo punto vengono, eventualmente, aggiunti prodotti volatili come gli oli essenziali. Il granulo viene ripassato al setaccio manualmente per il controllo qualitativo.

Compressione: tarata e regolata la comprimitrice, finalmente si comprime aggiungendo una irrisoria quantità di stearato per un funzionamento perfetto della macchina.

Lucidatura, controllo di qualità: si controlla peso, durezza e disintegrazione e si ripassa a setaccio per eliminare eventuali residui di polvere e per conferire alla tavoletta un aspetto lucido.

Confezionamento: le tavolette sono immediatamente confezionate in flaconi di vetro scuro uso farmaceutico.

Sciroppi: lo sciroppo base si prepara con acqua distillata e zucchero utilizzando 19 parti di zucchero sciolte in 10 pari di acqua, filtrando poi per panno. Allo sciroppo base vengono aggiunti i princìpi attivi funzionali normalmente sotto forma di estratti. È possibile utilizzare invece dell'acqua distillata in estratti acquosi di piante officinali.

Oli essenziali o essenze: l'estrazione degli oli essenziali si ottiene prevalentemente per distillazione, mediante alambicchi, facendo passare una corrente di vapore d'acqua attraverso la pianta aromatica. Si raffredda il vapore ottenuto e si separa l'olio essenziale che galleggerà sull'acqua di estrazione. Lo stesso procedimento viene utilizzato per la produzione di idrolati o acque distillate, usate prevalentemente per uso cosmetico. Per le essenze agrumarie l'estrazione si effettua mediante spremitura dello strato superficiale dell'epicardio ove gli oli sono contenuti. Altri metodi meno diffusi sono l'estrazione mediante grassi oppure a mezzo di solventi volatili. Le rese produttive degli oli essenziali rispetto alla droga di partenza sono particolarmente basse. A titolo di esempio, per le labiate avremo una resa media del 1,5%. Le essenze di agrumi hanno rese che posso invece raggiungere il 10% del peso dell'epicardio.

Tisane: per tisana s'intende una miscela di erbe sminuzzate da utilizzare per estrazione acquosa. È indispensabile una buona conoscenza farmacognostica delle droghe utilizzate per evitare antagonismi farmacologici. Una tisana ottimale di norma contiene un massimo di 5-6 droghe differenti. Va ricordato che ogni droga può contenere differenti e complessi princìpi attivi e che l'azione farmacologica non è direttamente proporzionale al numero di droghe utilizzate. In linea di principio è opportuno utilizzare due o tre droghe base per la patologia trattata ad azione sinergica, una o due ad azione mirata per l'obbiettivo specifico e una ad azione aromatizzante per "arrotondare" la miscela e/o per lenire eventuali effetti indesiderati delle droghe base. Suggerimenti si potranno ricavare da formulazioni tradizionali, diffidando comunque da quelle particolarmente complesse, perché fondamentalmente scriteriate.

Cenni di botanica sistematica

La botanica che ha per oggetto di ricerca la classificazione dei vegetali viene denominata Botanica sistematica. Classificare significa organizzare in un sistema tutte le forme vegetali conosciute riunendole in gruppi comprendenti piante affini: tali gruppi prendono il nome di categorie o entità sistematiche.

Fu l'acutezza dell'intuito sistematico di Linneo (1707-78) che, con la sua nomenclatura binomia, pose le basi per una razionale classificazione tutt'oggi usata. Linneo riconosce che i nomi ordinari (Rosa, Papavero, Quercia...) racchiudono, in una apparente omogeneità, un gruppo più o meno grande di entità minori distinte tra loro (rosa delle siepi, rosa dei sottoboschi, rosa dei giardini...) e giunge alla loro individuazione come categoria generica (genere) e coll'aggiungere un nuovo termine per designare, in seno al genere, la specie. Si hanno così varie specie di Rosa: Rosa canina, Rosa gallica, Rosa Centifolia...

Il nome del genere si scrive con la lettera maiuscola, quello della specie con la minuscola. Al binomio si aggiunge il nome, di norma abbreviato, dell'autore o degli autori che per primi hanno descritto la specie: Es. Rosa canina L. (Linneo). Alla specie, qualora ci sia, segue la varietà col nome dell'autore che la descritta: es. Papaver somniferum L. var. album Miller.

Nel sistema botanico le suddivisioni sono certamente complesse e numerose: è quindi opportuno conoscere perlomeno la famiglia di appartenenza della pianta, oltre alla specie e al genere. La nomenclatura botanica permette, rispetto alla denominazione volgare, di definire senza errore una particolare pianta, indipendentemente dalla nazionalità e lingua dell'operatore.

Raccolta e essiccazione delle droghe

Ogni droga, cioè quella parte di pianta che contiene i princìpi attivi, ha un suo "tempo balsamico" di raccolta, che corrisponde a quel periodo dell'anno e dello sviluppo vegetativo durante il quale la droga raggiunge la massima concentrazione di sostanze attive. Il tempo balsamico dipende da diversi fattori e può variare da zona a zona ed è determinato da fattori ambientali e climatici.

In linea di massima il tempo balsamico per la raccolta delle varie droghe può essere così suddiviso:

Radici, rizomi, tuberi e bulbi si raccolgono durante il riposo vegetativo della pianta, cioè durante il tardo autunno.

Cortecce: si raccolgono in primavera.

Foglie: si raccolgono in primavera inoltrata, prima che la pianta fiorisca.

Gemme: si raccolgono all'inizio della primavera prima che si schiudano.

Erbe (sommità): si raccolgono prima o durante la fioritura.

Fiori: si raccolgono prima che siano completamente sbocciati.

Frutti: si raccolgono alla maturazione

Semi: si raccolgono prima della caduta spontanea.

Raramente le droghe vengono utilizzate allo stato fresco, l'essiccazione ne permette infatti lo stoccaggio e la successiva lavorazione in tempi non troppo ristretti. Per poter conservare i princìpi attivi occorre che siano essiccate rapidamente, onde evitare processi di fermentazione che ne altererebbero il contenuto. L'essiccazione avviene disponendo su telai strati sottili della droga fresca. È opportuno svolgere l'essiccazione all'ombra (per proteggere princìpi attivi termolabili o particolarmente volatili) e in luogo ben ventilato. A livello industriale vengono utilizzati forni con circolazione forzata d'aria d'ambiente riscaldata. La resa del prodotto essiccato in relazione alla droga fresca di partenza varia notevolmente. Da un chilo di foglie fresche si otterranno, ad esempio, circa 150 grammi di droga essiccata. È opportuno conservare le erbe essiccate in vasi di vetro scuro e utilizzarle entro l'anno.

Proprietà di alcune piante medicinali

Ricordiamo alcuni gruppi di piante raggruppandole in base ai principali effetti che producono sull'organismo umano (alcune di queste sono trattabili unicamente da farmacista su prescrizione medica):

Piante antiasmatiche: tolgono lo spasmo dei muscoli bronchiali mediante un'azione spasmolitica diretta sulla muscolatura liscia dei bronchi. Alcune agiscono per via nervosa paralizzando il vago, (Solanacee) o eccitando il simpatico (Efedra). Importanti sono: Belladonna, Giusquiamo, Stramonio, Efedra, Visnaga, Elicriso, Grindelia, Lattuga virosa, Farfaraccio.

Piante espettoranti: fluidificano le secrezioni bronchiali facilitando la loro espulsione dalle vie respiratorie. Spesso sono degli antisettici polmonari o degli emollienti antinfiammatori. Vanno ricordati: Aglio, Elicriso, Marrubio, Capelvenere, Verbasco, Farfara, Grindelia.

Piante tossifughe o bechiche: hanno la proprietà di calmare la tosse. Alcune agiscono moderando l'eccitabilità del centro della tosse, altre per le loro virtù antinfiammatorie e antisettiche. Segnaliamo: Enula campana, Issopo, Farfara, Eucalitpo, Timo.

Piante eupeptiche o stomachiche: sono quelle che in virtù del loro sapore amaro o dei loro componenti aromatici aumentano la secrezione del succo gastrico migliorando così la digestione. Frequentemente le droghe amare agiscono anche sul fegato con una blanda azione coleretica. Sono importanti: Genziana, Centaurea, China, Carciofo, Luppolo, Angelica, Achillea, Calamo aromatico.

Piante carminative: facilitano l'espulsione dei gas gastrointestinali. Il loro meccanismo d'azione è complesso, ma generalmente agiscono sul tratto digerente risvegliando la contrattilità del suo strato muscolare; in tal modo agevolano l'evacuazione dei gas che si formano a seguito di fermentazioni e putrefazioni abnormi. Tali sono: Anice verde, Angelica, Aneto, Finocchio, Calamo Aromatico, Origano, Santoreggia.

Piante coleretiche e colagoghe: rispettivamente stimolano il fegato a una maggiore produzione di bile e promuovono la sua espulsione facendo contrarre la cistifellea o fluidificando la bile. Spesso questo tipo di piante sono anche ipocolesterolemizzanti e agiscono sul fegato potenziandone l'attività antitossica. Tra queste vanno citate: Boldo, Rosmarino, Curcuma, Combreto, Calendula, Chelidonia, Tarassaco.

Piante lassative e purgative: hanno la facoltà di accelerare, in diversi modi, il transito del contenuto intestinale. Si distinguono in mucillaginosi (Lino ecc.), antracenici (Aloe, Ramno, ecc.), oleosi (olio di Ricino); lubrificanti (olio di Lino o d'Oliva); resinosi o drastici (Gialappa ecc.).

Piante antidiarroiche: rallentano la peristalsi intestinale con un meccanismo nervoso (Oppio) o perché ricche di tannini (Quercia), pectine e mucillagini (Carruba).

Piante vomitive o emetiche: sono quelle che stimolano il vomito attraverso una azione centrale bulbare o per una azione periferica riflessa, in quest'ultimo caso sono droghe in genere irritanti per la mucosa gastrica. Segnaliamo: Ipecacuana, Fitolacca, Asaro.

Piante antiemetiche: arrestano il vomito o ne impediscono l'insorgenza mediante meccanismi non sempre conosciuti. Comprendono piante molto diverse tra loro sul piano sul piano della composizione chimica come: Altea, Calendula, Menta piperita, Camomilla romana.

Piante diuretiche: sono capaci di aumentare la secrezione dell'urina con meccanismi renali ed extra-renali. I vegetali che possiedono questa azione sono numerosi e spesso contengono, soli o diversamente associati, sali di potassio, zuccheri, saponine, flavonoidi, basi xantiniche (caffeina) o glucosidi cardiotonici. Ricordiamo: Scilla, Betulla, Ginepro, Ginestra, Ononide, Erica, Caffè, Parietaria, Gramigna, Frassino.

Piante antisettiche delle vie urinarie: comprendono prevalentemente un gruppo di vegetali contenenti oli essenziali o precursori dell'idrochinone (arbutoside, metilarbutoside) che hanno la capacità di produrre effetti antimicrobici sul tratto urinario. Segnaliamo: Uva ursina, Erica, Corbezzolo, Sandalo, Ginepro, Eucalipto.

Piante depurative: comprendono quelle droghe che stimolano gli emuntori naturali (pelle, reni, intestino) facilitando l'espulsione delle sostanze tossiche prodotte dall'intestino e dalle cellule che compongono i diversi tessuti. In questo senso le piante depurative comprendono i diuretici, i lassativi, i sudoriferi, gli espettoranti e i colagoghi.

Piante sedative: moderano l'ipereccitabiltà del sistema nervoso e facilitano il sonno fisiologico. Comprendono: Tiglio, Luppolo, Meliloto, Valeriana, Biancospino, Arancio fiore, Passiflora.

Piante vasodilatatrici: hanno la capacità di abbassare la pressione arteriosa risultando utili negli stati ipertensivi di lieve e media entità. Ricordiamo: Aglio, Olivo, Vischio.

Piante sudorifere o diaforetiche: aumentano la secrezione sudorale contribuendo alla regolazione termica del corpo e favorendo l'eliminazione di tossine. Tra i diaforetici vanno collocati: Borragine, Sambuco, Tiglio.

Descrizione di alcune piante

ACONITO. Pianta delle ranuncolacee, alta circa un metro, con radici tuberose, fusto eretto e cilindrico, foglie doppiamente palmate, fiori di colore azzurro cupo; l'intera pianta ha un sapore acre e un odore forte ed erbaceo. Cresce in tutta l'Europa e particolarmente in Svizzera e in Germania. La radice si raccoglie in agosto-settembre.

AGAVE. Pianta ornamentale dal rizoma grosso e dalle foglie larghe, carnose, lunghe a volte anche più di un metro, terminanti in una punta spinosa. In mezzo alle foglie cresce uno scapo lunghissimo portante parecchi fiori di un colore grigiastro verde. La pianta è originaria del Messico e si è acclimatata specialmente sulle nostre coste della Sicilia, della Riviera, ove viene coltivata come pianta riccamente ornamentale. Fiorisce da giugno ad agosto e se ne usano le foglie e la radice.

ALLORO. (Lauro o Linorio) Arbusto sempre verde delle rosacee, con foglie sparse, colore verde chiaro di sopra, opache inferiormente, con fiori piccoli bianchi riuniti in grappoli più lunghi delle foglie con frutto violaceo, ovoidale a forma di bacca legnosa si coltiva ovunque come pianta ornamentale e se ne usano le foglie da raccogliersi nella fioritura che avviene da giugno a luglio.

ALTEA. L'altea ha una radice della grossezza del pollice circa, di colore bianco cenere esternamente e bianco internamente. Lo stelo è diritto, cilindrico, fornito di foglie biancastre e angolari, i fiori sono bianchi. Nessun odore; sapore dolciastro. Cresce nei luoghi umidi e paludosi e anche nei prati. Le foglie e i fiori si raccolgono da giugno a luglio e le radici a settembre.

ANGELICA ARCANGELICA. Erba alta fino a 150 centimetri, con stelo striato e ramoso, foglie grandi, ovate, oblunghe, seghettate in modo irregolare. Fiori bianco-verdastri, raccolti a ombrella. Cresce nei luoghi umidi e ombrosi. In Lapponia serve per alimento. La radice, che si raccoglie a settembre, ha un sapore piacevolmente amaro, un po' pizzicante, e promuove la secrezione di molta saliva.

ANICE. Pianta annua e bienne, originaria della Cina e del Giappone, coltivata in Italia nella regione litoranea e submontana. Fiorisce in luglio-agosto, ad ombrella raggiata. Se ne usano i semi da raccogliersi in agosto. Questi sono di colore grigio-verdastro piccoli, di odore gradevole, di sapore dolce e aromatico.

ARNICA. Pianta erbacea, perenne, che cresce nei prati e nei pascoli della zona montana ed alpina dell'Italia settentrionale e nei pascoli dell'Appennino. Ha fiori colore giallo oro, radice fibrosa e troncata, nerastra all'esterno e bianca all'interno. Fiorisce in estate dal maggio al luglio. Si usano radici e fiori: i fiori si raccolgono in giugno-luglio; le radici in autunno.

ASSENZIO. Pianta erbacea, perenne, fiorisce da luglio a settembre, con fiori a grappoli stretti come una pannocchia, giallognoli, con foglie biancastre, oblunghe, picciuolate, a contorno ovale. Cresce nei luoghi sassosi dei colli e dei monti. Se ne usano i fiori da raccogliersi in luglio-agosto.

BARDANA. Erba alta da un metro a un metro e mezzo, striata e ramosa con foglie picciuolate, a forma di cuore, verdi sopra e biancastre sotto, con fiori porporini, frutti ad acheno oblunghi e rugosi, sormontati da un pappo di setole giallastre, chiazzate di nero. Ha radice fittinosa. Cresce dal mare alla zona montana. Fiorisce in estate. Se ne usano le radici e le foglie da raccogliersi in primavera o autunno e da usarsi possibilmente fresche.

BELLADONNA. Erbacea, perenne, spontanea nei luoghi ombrosi; boschi, cespugli, nella regione montana e submontana. Fiorisce da maggio a settembre con fiordi a calice solitari, pendenti, di colore violaceo cupo e bianchi. Ha le foglie ovate, acute, grandicelle, alterne. Il frutto è una bacca rotonda simile a una piccola ciliegia, che passa dal colore verde al rosso e al nero lucido quando è matura. La radice è grossa e carnosa. Le foglie si raccolgono da giugno a luglio, le radici in ottobre. Tutta la pianta è velenosissima. Si usa l'estratto.

BERGAMOTTO. Il bergamotto costituisce una varietà dell'arancio e viene coltivato in Sicilia e in Calabria per la sua prelibata essenza che viene ricavata dalla corteccia del frutto.

BIANCOSPINO. Arboscello spinoso, comunissimo lungo tutte le siepi, con foglie picciuolate, sparse, di colore verde lucido e con nervature a trasparenza. Fiorisce da aprile a maggio con fiori bianco-rosei, raggruppati in mazzetti, di odore forte, caratteristico per la sua acutezza. I frutti, che maturano da settembre a ottobre, sono grossi come piselli, carnosi, di colore rosso corallo, ovali, ombilicati. Si usano i fiori, da raccogliersi pochi giorni prima che appassiscano.

BORRANA o BORRAGINE. Pianta erbacea annua che cresce spontanea nei luoghi incolti e fra le macerie. Fiorisce in primavera e autunno. I fiori sono stellati di un bel colore azzurro, talvolta rosei o bianchi. Le foglie sono ovali coperte e ruvide. Si usano i fiori e le foglie da raccogliersi in aprile e settembre.

BRIONIA. (Zucca marina, vite bianca, barbone) Assai comune nelle siepi e nelle macchie. Ha fusti rampicanti, ramosi, con foglie palmate a cinque lobi triangolari. Fiorisce dal giugno all'agosto con fiori, bianco-giallastri a piccoli rametti. I frutti sono piccole bacche tonde colore rosso corallo. La radice è voluminosa a forma di fuso, bianca. È velenosa, si raccoglie a primavera.

CALAMO AROMATICO. Erbacea, perenne, alta da 60 centimetri a un metro, con radici sotterranee grosse, cilindriche, orizzontali, nodose. Le foglie radicali sono lunghe 40-50 centimetri, inguainanti, strette, a forma di spada a due taglienti. In mezzo alle foglie si diparte il fusto triangolare, coi fiori piccoli e verdastri. Il frutto assomiglia a una bacca contenente due o tre semi ovali. Fiorisce da maggio ad agosto. Originario dell'India occidentale si introdusse in Europa durante il secolo XVI. Vive nei fossi, nelle paludi, presso i fiumi, in quasi tutta Europa. Da noi abbonda specialmente nella vallata del Po e se ne raccoglie il rizoma (le radici) in primavera ed autunno: ha un odore simile a quello della canfora e un sapore quasi bruciante e amaro.

CENTAUREA o BIONDELLA. (Millefiori, scacciafebbre, china d'Italia). Pianta annua, alta 20-40 centimetri, con fusto quadrangolare, superiormente ramoso. Foglie opposte, ovali, lanceolate. Fiori di un bel rosso o roseo donde il nome di eritrea che in greco significa rosso, numerosissimi, raccolti a mazzetti o falcetti. Vive nei pascoli e nelle brughiere e fiorisce da maggio a settembre. La si vede spesso anche sulle mura delle case di campagna, ed è abbondante specie negli oliveti. Essa ha molti caratteri con la genziana.

CICUTA. Erba perenne delle ombrellifere molto simile al prezzemolo, che cresce nei luoghi ombrosi e nei ruderi. Emana un odore sgradevole ed è velenosissima. La si distingue dal prezzemolo perché il caule è macchiato di colore rossastro, i fiori sono bianchi, ed è alta anche fino a due metri. Se ne usa la tintura come calmante e in funzione antispasmodica.

DULCAMARA. La forma particolare di questa pianta le ha dato anche il nome di solano rampicante. Cresce nei prati acquosi, nei boschi umidi o vicino alle siepi. È alta anche fino a due metri. Ha dei frutti rosso corallo e il suo stelo ha un odore forte e nauseante; il sapore è in principio amaro, poi dolciastro. Seccandosi, l'odore svanisce, ma il sapore si fa più forte. In dosi troppo abbondanti eccita vomiti, spasimi, convulsioni, delirio, stupore profondo, sudori abbondanti, flusso copioso di saliva. Le bacche poi contengono un veleno violento.

EQUISETO. (Coda di cavallo, setolone). Pianta comunissima nei luoghi umidi e ghiaiosi con fusti eretti, nodosi, a guaina, a forma d'imbuto terminante con 4 o 5 denti; in cima ai rami trovasi una spiga ellittica allungata, formata di tante squame simili a dei chiodi; la radice è serpeggiante sottoterra fino a un metro e più di profondità: di colore bruno, di aspetto nodoso, fornita di piccole radici. I rami sono lunghi da 30 a 40 centimetri di colore verde scuro ed ognuno somiglia a una piccola piramide per il modo con cui si presenta nella crescita. È pianta senza fiori. S'usano i rami.

EUCALIPTO. È un albero originario dell'Australia e delle Indie, coltivato anche in Italia nel mezzogiorno. Ha foglie coriacee e glandulose che si spezzettano al contatto. Emana un odore gradevolissimo come di mirra e se ne usano appunto le foglie per le loro proprietà balsamiche e pettorali.

FINOCCHIO. Erba perenne, ombrellifera, alta sino a 150 cm.; rami cilindrici con sottili ramificazioni: foglioline filiformi; fiori gialli ad ombrelle solitarie spuntanti sul termine dei rami e del gambo; frutti ovoidi, oblunghi, a due acheni contenenti i semi. Cresce nei luoghi incolti e aridi, ma è coltivata ovunque per i semi preziosissimi; fiorisce in estate da giugno ad agosto.

FUNGO DEL LARICE. (Agaro bianco). È un fungo che cresce sulle piante conifere e specialmente sui larici delle foreste alpine, ora sulla parte inferiore ora sulla parte superiore dei tronchi. La migliore qualità ci viene da Aleppo. Ha una forma molto simile a quella di un triangolo. Una crosta grigia, grossa e compatta riveste la porzione midollare interna che è bianca, spugnosa, fibrosa, facile a rompersi e a ridursi in polvere resinosa. Non ha odore e ha un sapore in principio dolce poi amarognolo. Si raccoglie tutto l'anno.

GENZIANA. Erbacea, perenne, che cresce nei prati e nei pascoli della regione montana. Ha fusto alto a volte anche un metro e mezzo, fistoloso, con foglie lisce ai margini, grandi ed ovali. Fiorisce dal giugno all'agosto con fiori stellati, bianco-giallastri. Ha radice compatta, lunga, giallastra internamente, amara. Si usa la radice da raccogliersi a primavera od autunno.

GINEPRO. È un alberello cespuglioso sempre verde che cresce nei luoghi incolti, boschivi, delle colline e dei monti. Ha foglie lineari, pungenti. Fiorisce da marzo a giugno. I frutti sono a bacche sferiche piccole, numerose, che diventano nere-azzurrognole a maturazione nel secondo anno. Si usano le bacche, da raccogliersi in settembre-ottobre.

GINESTRA. Arboscello della famiglia delle leguminose, alto da un metro a due, eretto, sempre verde; rami sottili, lunghi, flessibili, angolosi, verdi acuminati; foglie trifogliate con picciolo; fiori di colore giallo-oro disposti a racemi fogliati; il frutto è un pisello lungo circa 5 cm., largo 1 cm. circa, schiacciato, munito di lunghi peli sui margini, e contenente 8-12 semi lucenti di colore giallo-bruno. Fiorisce da aprile a luglio.

Cresce nelle boscaglie e brughiere in terreni silicei incolti, e si usa per fare scope. I fiori si raccolgono in giugno-luglio.

GIUSQUIAMO. Erba annua bienne o perenne, vischiosa, alta da 40 a 80 centimetri, con foglie molli, molto verdi, dentate, con fiori a spiga, tubolosi, a 5 corolle giallognole venate di viola, con frutto a capsula contenente molti semi. Fiorisce da aprile a luglio. Cresce nei luoghi incolti, nei ruderi, sui margini delle strade, sulle colline e sui monti. Si usa l'estratto, fluido (velenoso). Le foglie si raccolgono da aprile a luglio; la radici in autunno.

LAVANDA o SPIGO. Gli antichi usavano spesso lo spigo nei bagni, donde il nome di lavandula o lavanda. È una pianta cespugliosa con caule eretto alto da 50 a 100 centimetri, ramoso e fornito di molte foglie lanceolate ricoperte di un tomento a peli stellati. I fiori sono in spighe di colore bluastro, di un odore piacevole ed un sapore amarognolo e caldo. Cresce nei luoghi sassosi ed è anche coltivata nei giardini. Si raccoglie da maggio a settembre, al tempo della fioritura.

LINO. Erbacea della famiglia delle linacee, con stelo alto sino a 80-9O centimetri, con rami a grappolo coperti da foglie a tre nervi, con fiori aventi il calice di 5 petali e la corolla di 5 petali, di colore celeste leggermente scuro, con frutto a capsula contenente i semi che sono piani, di forma bislunga e quasi ovale, con una estremità appuntita e l'altra ottusa, di un colore scuro marrone molto lucido, ricchi di mucillagine, contenenti un olio grasso e untuoso. È coltivato nei paesi meridionali, ed in Egitto; assume la grossezza di una canna.

LIQUIRIZIA. Pianta semilegnosa, perenne che cresce spontanea o coltivata nell'Italia meridionale e Sicilia e particolarmente in Calabria. Fiorisce da giugno ad agosto, con fiori piccoli di colore azzurro viola. Il fiore è un legume compresso, liscio a forma di pisello. Le foglie sono vischiose. Si usa la radice che si raccoglie al quarto anno da novembre a marzo, ed è bruna esternamente e giallognola all'interno.

LUPPOLO. Pianta delle cannabinacee, comunissima nelle siepi e luoghi incolti, sarmentosa, con foglie opposte, qualche volta alterne; fiori disposti in piccoli grappoli sulla sommità dei rami; frutti ovali e un po' bislunghi, coperti di piccole lamine e rinchiudenti semi rotondi, di un amaro forte non spiacevole. Usatissima per fare la birra, i suoi fiori si raccolgono in agosto-settembre.

MALVA. La malva ha radice cilindrica di colore bianco, molti steli ramosi muniti di foglie alterne e divise in cinque o in sette lobi, sapore erbaceo e senza odore. I fiori sono sostenuti da lunghi peduncoli e hanno il colore a volte bianco crema, a volte rossastri, a volte raggiati di tinta porporina. Cresce nei luoghi umidi e paludosi e anche nei prati. Le foglie e i fiori si raccolgono da giugno a luglio e le radici a settembre.

MARROBIO. (Erba apiola) Erba perenne, odorosa, alta da 40 a 60 cm., con foglie opposte, biancastre, reticolate, rugose, ovali, a contorno un po' crenato. Fiori biancastri. Il frutto si compone di quattro acheni lisci e glabri. Cresce nei luoghi incolti e aridi della zona submontana e mediterranea e nelle parti calde delle valli alpine. Fiorisce in primavera ed estate; si raccoglie tutta la pianta da aprile fino ad agosto.

MELOGRANATO o MELOGRANO. È una bella pianta coltivata specialmente per i suoi frutti che sono coriacei e di colore rosso-granato, contenenti molti semi del medesimo colore, dal sapore un poco acido ma gradevole. Le radici e i frutti si raccolgono in autunno.

MENTA PIPERITA. Erbacea perenne della famiglia delle labiate, avente odore forte, canforato, piacevole. Ha le foglie picciolinate, ellittiche, a denti molto pronunciati; fiori formati di una spiga gracile e acuta. Questa preziosissima pianta è molto coltivata dappertutto e fiorisce da giugno a settembre, epoca in cui può essere raccolta.

MIRTO o MORTELLA. Arbusto sempreverde, alto da 1 a 2 metri, che viene comunemente coltivato nei giardini a difesa delle aiuole e ad ornamento. I rami sono rivestiti di una debole corteccia rossastra; le foglie sono dure, coriacee, nella parte superiore il colore è verde scuro e nella parte inferiore la sfumatura è più pallida; i fiori sono bianchi, odorosi, aventi una corolla di 5 petali; il frutto è a bacca carnosa, a forma ovoidale, di colore nero bluastro. Le foglie e i fiori si raccolgono in agosto-settembre.

OLEANDRO. (Mazza di S. Giuseppe) È una pianta a volte alta fino a 4 metri, coltivata a cespugli come ornamento, nei giardini e nei viali. Fiorisce da maggio a settembre con fiori rosati, o chiari screziati di rosa. È pianta velenosa dalla quale si ricava anche un alcaloide che sostituisce la digitalina impiegata per le affezioni cardiache. Nella pratica familiare si usano i fiori o le foglie seccate e polverizzate, da raccogliersi in estate.

ORIGANO. Pianta della famiglia delle labiate, simile alla maggiorana selvatica, che viene coltivata negli orti ed è impiegata per condimento di pietanze. Ha le foglie bislunghe, terminanti in una punta smussata; sommità fiorite di un rosso biancastro; odore forte; sapore acre, aromatico, amarognolo. Le sue sommità fiorite si raccolgono in luglio-agosto.

PARIETARIA. (Muraiola, vetriola, muraria. foramuri, erba vento, gamba rossa. palatana, palataria) È quella famosa erba provvista di gambo rosso e legnoso – donde il nome popolare di gamba rossa – che cresce spontanea nelle fessure dei muri, lungo le siepi, nei ruderi, a ciuffi abbarbicati, ruvide; le cui foglie schiacciate tra le dita, sono attaccaticce, mucillaginose, gommose. Fiorisce da primavera ad autunno e si usa tutta la pianta, da raccogliersi durante i mesi che vanno da luglio a ottobre.

QUERCIA MARINA o FUCO. Pianta della classe delle alghe e della famiglia delle fucacee. È senza fiori. Si compone di una lamina membranosa, coriacea, lunga fino a 20 cm., larga al massimo 1 cm., dividentesi in due o tre lamine di colore oliva, se fresca, e bruno scuro, se secca: nella sua lunghezza è attraversata da una costola mediana simile a una nervatura avente ai lati delle vescichette piene d'aria che servono alla piante per mantenersi a galla. È attaccata sugli scogli sottomarini del mare del Nord ed è assai ricca di iodio.

RANUNCOLO SCELLERATO. Erba molto nota della famiglia delle ranuncolacee, comunissima nei luoghi umidi e paludosi e negli stagni. Ha foglie superiori tripartite e lanceolate e foglie inferiori, o radicali, palmate. Radici fitte a forma caratteristica di pie' di rana (ranuncoli). Fiorisce in estate con fiori giallo oro a 5 petali. Ha un sapore amarissimo ed è velenosa. Si usa l'intera pianta, fresca e ben pestata, da applicarsi esternamente come ottimo rubefacente.

RUTA o RUGHETTA. Pianta erbacea perenne, di odore caratteristico forte, con foglie di colore grigio bluastro, su ramicelli che partono dal fusto. Fiori di colore giallo disposti a forma di mazzetti allargati. Fiorisce dal maggio all'agosto e se ne usa la pianta, da cogliersi prima della fioritura. Cresce nei luoghi sassosi e lungo i muri, dalle zone marine alle regioni sub-montane.

SALVIA. La salvia ha nel suo nome racchiusi i pregi indiscutibili per cui anticamente era tanto usata, infatti era detta "salvia salvatrix", ossia salvatrice. È una delle specie più interessanti della famiglia delle labiate ed è originaria delle parti settentrionali d'Europa. La salvia che cresce nei luoghi pietrosi, aridi, elevati è molto più attiva di quella che vegeta nei luoghi umidi o bassi. È alta da un metro a un metro e mezzo, con lo stelo eretto, fornito di molti rami diritti portanti foglie lanceolate, ovate, intere, dentellate, di colore verde-grigio; fiori disposti a spiga. La salvia ha un odore aromatico, forte e piacevole e un sapore amarognolo, caldo, un po' astringente e un po' canforato. Fiorisce da maggio a luglio ed è coltivata ovunque anche negli orti come pianta aromatica. Si raccoglie in luglio-agosto.

SAMBUCO. Pianta alta, comune nelle siepi e orti, con scorza grigiastra, rami midollosi; fiorisce da aprile a giugno con fiori bianco giallastri, a forma di ombrella; frutti (a settembre) a forma di bacca, colore verdastro o nero. Si usano le foglie, i fiori, la scorza e i frutti.

SANTOREGGIA. Erba con foglie lineari, acuminate, di colore

verde opaco, a forma di peduncolo, con fiori raccolti in glomeruli di colore bianco o rosei, di odore gradevole, di sapore acre, che cresce spontanea nei luoghi ghiaiosi di tutta l'Italia settentrionale, molto simile alla melissa o cedronella e che, come questa, viene appunto anche coltivata per l'industria dei liquori. I fiori si raccolgono in luglio.

SAPONARIA. Malgrado le sue indiscutibili ed energiche virtù curative questa pianta è oggi poco usata. È un'erba perenne delle cariofilee, avente il fusto eretto, glabro, rossiccio, tuboloso, con fiori di un colore rosso pallido, con foglie ovali a forma di lancia, con radice cilindrica grossa quanto un dito, rossa esternamente e bianca internamente, di odore debole e sapore amarognolo e leggermente acro. Cresce in luoghi erbosi e umidi e anche sui bordi delle strade nella zona submontana e montana. La sua radici si raccolgono in autunno.

STRAMONIO. Erba annua alta quasi un metro; foglie verde intenso, fiori bianchi a campanello; frutto a capsula con molti aculei, ovvero spine. È comune nei luoghi incolti dal mare alla regione submontana. Fiorisce da giugno a settembre. Si usano foglie e semi; Le foglie si raccolgono in luglio e i semi in agosto-settembre.

TASSO BARBASSO. (Barbasco, verbasco, lingua di bove) Pianta col fusto eretto, alto da 60 a 100 cm. con fiori a falcetti, fitti, di colore giallo. Cresce nei luoghi incolti, nelle campagne, tra i ruderi, lungo le strade. È di aspetto tormentoso, verde biancastro tendente al giallo S'usano foglie e fiori, da cogliersi a partire dal mese di maggio fino ad agosto.

TIGLIO. Albero perenne, usato per ornamento di viali e giardini. Ha foglie alterne un poco rotonde, acuminate alla cima, a forma di cuore alla base verdi, vellutate inferiormente. I fiori sono riuniti a mazzetti, di colore bianco, odorosi con peduncoli. Si usano i fiori e le foglie piu tenere vicine ai fiori (bractee), e si raccolgono in giugno.

UVA URSINA. È una pianta un po' simile al bosso, avente fusto e rami gracili, striscianti, flessibili, con foglie ovali, ottuse, coriacee, alquanto reticolate nella loro parte inferiore; fiori di colore bianco-rosa, a forma di piccoli grappoli sulla cima dei rami; frutti a forma di bacca (drupa), di colore rosso, della grossezza di un pisello o poco più, di sapore molto acido. Cresce nei luoghi pietrosi e da noi è molto abbondante nella regione montana e submontana delle Alpi e degli Appennini. Fiorisce a giugno e luglio: si usano le foglie, che si raccolgono tutto l'anno.

VALERIANA. (Amantilla, nardo selvatico) Pianta erbacea, perenne, con fusti fistolosi, velati, solcati; con foglie vellutate, pennate, incise, dentate; con fiori rosei o bianchi, odorosi. Fiorisce dal giugno all'agosto. La radice (o rizoma) è cilindrica, grossa, lunga, esternamente giallo scura, internamente colore cenere. Si adopera il rizoma, da raccogliersi in autunno.

VISCO. Arbusto parassita che si attacca nel legno di peri, meli, mandorli, susini, pioppi. Ha rami verdi disposti a tre a tre su ogni nodo, con foglie coriacee, carnose, lanceolate. I fiori hanno colore giallo, sono raccolti in glomeruli e riuniti a tre a tre. Il frutto è una bacca bianca, globosa, contenente un solo seme con guscio verde. Si raccoglie tutto l'anno.

ZAFFERANO. Appartiene alla famiglia delle liliacee e cresce spontanea sui monti della Persia. Da noi è coltivato in Abruzzo, Calabria, Puglia, Sicilia. Fiorisce e si raccoglie in settembre e ottobre. La polvere di zafferano si ricava dagli stimmi della pianta: per un chilo di zafferano occorrono da 80.000 a 100.000 piantine. Il suo colore deve essere rutilante, vale a dire rosso-bruno. Lo zafferano ha molte analogie con l'oppio. A grandi dosi esso è uno stupefacente che agisce fortemente sul sistema nervoso: fa assopire in un letargo che può anche essere fatale.

(Tratto dall'opera del botanico Francesco Borsetta, *Per curarsi con le erbe*, Modena 1942)

Piante domestiche anti-inquinanti

Aloe vera (Aloe barbadensis)	Libera ossigeno e assorbe anidride carbonica, anche durante la notte
Anturio (Anthurium andreanus)	Arricchisce l'aria con la sua intensa traspirazione
Azalea indica (Rododendron simsii "Compacta")	Rimuove i vapori chimici
Begonia (Begonia semperflorens)	Offre umidità all'ambiente
Ciclamino (Cyclamen persicum)	Rimuove i vapori chimici
Crisantemo (Chrysanthemum morifolius)	Depura l'aria da formaldeide, benzene e ammoniaca
Dieffenbachia (Dieffenbachia "Exsotica Compacta")	Rimuove gli inquinamenti atmosferici
Dracena "Massangeana" (Dracaena fragrans)	Rimuove le tossine chimiche della formaldeide
Dracena "Warneckei" (Dracaena deremensis)	Rimuove dall'aria il benzene
Ficus (Ficus robusta)	Rimuove le tossine chimiche degli ambienti chiusi
Gerbera (Gerbera jamesonii)	Elimina i vapori tossici dagli ambienti chiusi
Pothos aureo (Epipremnum aureum)	Rimuove i vapori chimici
Tulipano (Tulipa gesneriana)	Elimina dall'aria le tracce di formaldeide, xilene e ammoniaca

Problemi di salute curabili con le piante

Problemi	Piante officinali e derivati	Forma di somministrazione	Durata del trattamento
Acne e brufoli	Bardana Echinacea Lievito di birra, Germe di grano, L-cistina con vitamine A, C, E	Estratto secco Estratto secco	Cicli di 3 mesi ripetibili
Aerofagia	Finocchio Carbone vegetale Tiglio	Estratto secco Polvere Estratto secco	Fino a scomparsa dei sintomi
Allergia	Ginkgo biloba Liquirizia	Estratto secco Estratto secco	Cicli trimestrali Autunno e Primavera
Anemia	Fieno greco Pappa reale	Estratto fluido Liofilizzato	Cicli di 2 mesi ripetibili
Ansia	Tiglio Valeriana Biancospino Passiflora	Estratto secco Estratto secco Estratto secco Estratto secco	Cicli di 15 giorni ripetibili
Artrosi	Artiglio del diavolo Liquirizia Uncaria Spirea	Estratto secco Estratto secco Estratto secco Estratto secco	Almeno 2 mesi
Capelli (fragilità)	Equiseto Lievito di birra, Germe di grano, L-cistina, vitamine A, C, E	Estratto secco	Cicli di 2 mesi
Cellulite	Alga marina Ananas Centella Ortosifon Guaranà	Estratto secco Estratto secco Estratto secco Estratto secco Estratto secco	Cicli di 3 mesi ripetibili

Disturbo	Pianta	Forma	Durata
Circolazione cerebrale alterata	Ginkgo biloba	Estratto secco	Cicli di 2 mesi intervallati da 1 mese di sospensione
Cistite	Pilosella Echinacea Ortosifon	Estratto secco Estratto secco Estratto secco	Cicli di 15 giorni
Colesterolo alto	Aglio Garcinia Leticina di soia Carciofo Tarassaco	Estratto secco Estratto secco Granulato Estratto secco Estratto secco	Cicli di 2 mesi ripetibili
Convalescenza	Ginseng Pappa reale Eleuterococco Fieno greco	Estratto secco Liofilizzato Estratto secco Estratto fluido	Fino a recupero completo
Depressione	Iperico	Estratto secco	Cicli di 2 mesi ripetibili
Digestione difficile	Carciofo Ananas Finocchio	Estratto secco Estratto secco Estratto secco	Fino a scomparsa dei sintomi
Emorroidi	Centella Vite rossa	Estratto secco Estratto secco	1 mese ripetibile
Eritema solare	Ginkgo biloba Liquirizia	Estratto secco Estratto secco	Fino a scomparsa dei sintomi
Faringite	Propoli Echinacea Rosa canina Timo Uncaria	Soluzione idroalcolica Estratto secco Estratto secco Olio essenziale Estratto secco	Almeno 10 giorni
Fragilità capillare	Centella Mirtillo Vite rossa	Estratto secco Estratto secco Estratto secco	Almeno 1 mese
Fratture	Equiseto	Estratto secco	2 mesi e poi a cicli
Gambe pesanti	Centella	Estratto secco	Almeno 1 mese

	Mirtillo	Estratto secco	
	Vite rossa	Estratto secco	
Gastrite	Liquirizia	Estratto secco	Nei mesi primaverili e autunnali
	Mirtillo	Estratto secco	
Influenza	Echinacea	Estratto secco	Fino a guarigione
	Uncaria	Estratto secco	
	Propoli	Soluzione idroalcolica	
	Spirea	Estratto secco	
Insonnia	Escolzia	Estratto secco	Fino a miglioramento
	Passiflora	Estratto secco	
	Valeriana	Estratto secco	
	Biancospino	Estratto secco	
	Tiglio	Estratto secco	
Invecchiamento precoce	Ginkgo biloba Lievito di birra, Germe di grano, L-cistina con vitamine A, C, E	Estratto secco	Cicli di 2 mesi ripetibili periodicamente
Ipertensione arteriosa	Aglio	Estratto secco	Anche per lunghi periodi
	Biancospino	Estratto secco	
	Ortosifon	Estratto secco	
	Pilosella	Estratto secco	
Ipotensione arteriosa	Guaranà	Estratto secco	Fino a miglioramento
	Liquirizia	Estratto secco	
Mal di gola	Echinacea	Estratto secco	Almeno 10 giorni
	Propoli	Soluzione idroalcolica	
	Rosa canina	Estratto secco	
	Uncaria	Estratto secco	
	Malva	Estratto secco	
	Timo	Olio essenziale	
Mancanza di appetito	Fieno greco	Estratto fluido	Cicli mensili
	Ginseng	Estratto secco	
	Pappa reale	Liofilizzato	
Nervosismo	Tiglio	Estratto secco	Cicli di 15 giorni
	Valeriana	Estratto secco	
	Escolzia	Estratto secco	

	Passiflora	Estratto secco	
Obesità e sovrappeso	Acacia	Polvere	Cicli di 2 mesi ripetibili
	Glucomannano	Polvere	
	Alga marina	Estratto secco	
	Garcinia	Estratto secco	
	Ortosifon	Estratto secco	
	Guaranà	Estratto secco	
Osteoporosi	Equiseto	Estratto secco	Cicli di 2 mesi da ripetere periodicamente
Raffreddore	Ginkgo biloba	Estratto secco	Fino a guarigione
	Echinacea	Estratto secco	
	Uncaria	Estratto secco	
	Rosa canina	Estratto secco	
	Timo	Olio essenziale	
Reumatismi	Artiglio del diavolo	Estratto secco	Almeno 2 mesi da ripetere periodicamente
	Liquirizia	Estratto secco	
	Uncaria	Estratto secco	
Ritenzione di liquidi	Ortosifon	Estratto secco	Per almeno 1 mese
	Pilosella	Estratto secco	
Rughe	Eleuterococco	Estratto secco	Cicli di 2 mesi
	Fieno greco	Estratto fluido	
	Pappa reale	Liofilizzato	
	Lievito di birra, Germe di grano, L-cistina, vitamine A, C, E		
Scottature	Ginkgo biloba	Estratto secco	Fino a guarigione
	Liquirizia	Estratto secco	
Sport (astenia nello)	Ginseng	Estratto secco	Cicli di 2 mesi
	Eleuterococco	Estratto secco	
	Guaranà	Estratto secco	
Stanchezza fisica e mentale	Ginseng	Estratto secco	Cicli di 2 mesi
	Guaranà	Estratto secco	
	Eleuterococco	Estratto secco	
	Fieno greco	Estratto fluido	
	Pappa reale	Liofilizzato	
Stitichezza	Rhamnus, Aloe,	Polveri	Cicli di 15

	Mannite, Finocchio, Cassia, Liquirizia, Malva, Tarassaco		giorni
Stress	Tiglio Passiflora Valeriana Fieno greco Ginseng Pappa reale	Estratto secco Estratto secco Estratto secco Estratto fluido Estratto secco Liofilizzato	Almeno 2 mesi
Tachicardia	Biancospino	Estratto secco	Almeno 1 mese
Tosse	Propoli Malva Liquirizia	Sciroppo Estratto secco Estratto secco	Fino a miglioramento
Trigliceridi alti	Garcinia Gymnema Leticina di soia	Estratto secco Estratto secco Granulato	Circa 2 mesi ripetibili periodicamente
Ulcera gastrica	Liquirizia Mirtillo	Estratto secco Estratto secco	Cicli di 2 mesi ripetibili periodicamente
Vene varicose	Centella Vite rossa	Estratto secco Estratto secco	Cicli di 2 mesi, specialmente nella stagione calda
Vista (abbassamento)	Ginkgo biloba Mirtillo	Estratto secco Estratto secco	Cicli di 3 mesi ripetibili periodicamente

Tratto da Antonello Sannia, *Le piante amiche del nostro benessere*, Utet periodici.

Farsi un erbario di piante secche

Quando si raccolgono erbe e pianticelle bisogna assicurarsi che siano complete di foglie, fiori e radici, ovviamente in buono stato e che non appartengano a specie protette.

Per mantenerle fresche ancora qualche ora, conservate le piantine in sacchetti di plastica, chiusi con un laccetto.

Arrivati a casa, bisogna pulire bene le piantine eliminando con un pennellino asciutto ogni particella di terra rimasta attaccata alla pianta.

Per fare seccare la pianta potete metterla, racchiusa ordinatamente fra due cartoncini, dentro vecchi giornali che a poco a poco ne assorbiranno tutta l'umidità.

Ricoprite il tutto con una pila di libri pesanti e lasciate passare alcuni giorni.

Non danneggiate le radici e pulitele bene.

Disponete la pianta seccata su un foglio da disegno o un cartoncino e fissatela con sottili striscioline di nastro adesivo trasparente, disposte lungo il gambo. Le piante resteranno bellissime per lungo tempo.

In un angolo scrivete il suo nome in latino (che troverete in un dizionario di botanica), il luogo e la data della raccolta.

I cartoncini vanno ordinati in un album, come per la collezione di cartoline o fotografie.

I fiori secchi si possono usare anche per creare composizioni da incorniciare e appendere in salotto o per altre cose.

Edward Bach

Dapprima assistente batteriologo nell'University College Hospital, dal 1919 il dottor Edward Bach (1886-1936) esercitò nel London Homeopathic Hospital e divenne ben presto uno tra i più apprezzati rappresentanti della Società Omeopatica inglese.

Un concetto molto antico, benché assai spesso trascurato, risalente alla cultura greca, sta alla base delle convinzioni terapeutiche di Bach: la patologia della quale l'ammalato soffre è caratterizzata non soltanto dai sintomi e dai disturbi manifestati, ma anche dalla condizione psicologica che ha dato origine alla patologia stessa.

In altre parole la malattia si genera a livello di mente e anima ed è provocata da un errato stile di vita, nonché da problemi psichici irrisolti o da emozioni non accettate, che si manifestano come conflitti mentali e in seguito come malattie fisiche.

Molti anni di ricerca e sperimentazione consentirono a Edward Bach di riconoscere almeno 38 condizioni emotivo-affettive associabili a precise cause di squilibrio aventi ripercussioni a livello psicosomatico.

In termini generali (gli archetipi in realtà sono 12), le condizioni che generano squilibrio possono essere così classificate:
- insufficiente interesse per le circostanze presenti;
- senso di solitudine;
- iperinfluenzabilità e ipersensibilità;
- scoraggiamento;
- apprensività rivolta verso gli altri;
- fobie e paure;
- senso d'incertezza.

Con i suoi 38 rimedi floreali, associati alle condizioni emotivo-affettive, Edward Bach si proponeva di prestare più attenzione al malato, anziché alla malattia in sé, e pertanto di sanare le cause della malattia stessa.

Un senso di fiducioso ottimismo pervade la produzione scritta di Bach, le cui parole fanno capire che ogni processo di guarigione fonda i propri presupposti nella volontà di guarire che il terapeuta deve saper ispirare al proprio paziente: "Un'era gloriosa si schiude davanti ai nostri occhi. Comprendiamo che la vera guarigione può essere ottenuta, non respingendo il male con il male, bensì attraverso il bene che si sostituisce al male, il giusto che si sostituisce al malvagio, la luce che si sostituisce all'oscurità. Ci rendiamo conto altresì che non combattiamo più il malanno con il malanno, che non ci opponiamo più alla malattia con gli effetti della malattia, che non cerchiamo più di uccidere il morbo con quelle istanze che potrebbero causarlo. Al contrario abbattiamo la forza opposta che a sua volta elimina l'imperfezione".[3]

---

[3] Cfr. Philip M. Chancellor, *I fiori di Bach*, Armenia, Milano 1971.

Ulisse Aldrovandi

Nell'ambito dell'Università bolognese della seconda metà del XVI sec., Ulisse Aldrovandi (1522-1605) occupò un ruolo centrale per il progresso della cultura scientifica e in particolare contribuì a promuovere l'interesse nei confronti delle Scienze Naturali, che fino ad allora erano state considerate alla stregua di discipline ausiliarie, pertanto in subordine alla Medicina.

Dal febbraio 1561 l'Aldrovandi ottenne l'istituzione di una cattedra di filosofia naturale per lo studio appunto "de fossilibus, plantis et animalibus" e sette anni dopo fece attrezzare, nel palazzo Pubblico (l'attuale palazzo Comunale), un orto botanico con finalità didattico-scientifiche, per consentire l'osservazione diretta delle piante.

Egli stesso soleva ribadire l'opportunità della osservazione diretta: "quanto utile ne rechi questa pubblica lettura delle piante, che di poi oculatamente a ciascuno si mostra nell'orto medico, sendo questa facultà sì come la cognizione anatomica tanto necessaria, che da i libri non possono apprendersi senza la viva voce del precettore che col dito gliele mostri e ponga avanti agl'occhi".[4]

Le esercitazioni pratiche valevano a rafforzare la competenza diretta degli allievi, aspiranti medici e speziali, e la loro capacità di distinguere le varietà botaniche, peraltro ampiamente descritte nei testi aldrovandiani dedicati alle piante, che erano corredati da stupendi acquerelli, effigiati da abili artisti, quali Jacopo Ligozzi, Giovanni de' Neri e Giovanni Coriolano.

Fin dal 1549 l'Aldrovandi aveva cominciato a raccogliere gli esemplari che sarebbero confluiti in un allestimento museale insieme ad animali impagliati e minerali e nel 1595, con molto orgoglio, egli descrisse tutto ciò che si poteva ammirare nel suo microcosmo: "18.000 cose diverse e, fra queste, 7.000 piante in quindici volumi, secche et incollate, parte delle quali ancora ho al vivo dipinte, il numero delle quali sì degli antichi, sì de moderni ancora al numero di 3.000 non arrivano; il restante poi di animali sanguigni ed esangui, sì terrestri come aerei et ac-

---

[4] Ulisse Aldrovandi, *Trattato naturale della utilità et eccellenza della lettura dell'historia naturale sensata delle piante, animali e cose inanimate e sotterranee, prima introdotto nell'Academia di Bologna, dove si vede quanto a ciascuna scienza ed arte, altre alla medicina, della quale è fondamento e base sia necessaria*, ms. Aldrovandi, 21, IV, conservato presso la Biblioteca Universitaria di Bologna, c. 53v.

quatili, et altre cose sotterranee, come terre, succi concreti magri e grassi, pietre, marmi, sassi, metalli et altri misti, che compiscono il suddetto numero".[5]

[5] Ibidem, c. 50v.

Glossario

acaule mancante del fusto.

achenio frutto ad apertura non spontanea e con seme non saldato al pericarpo.

acqua distillata prodotto secondario della distillazione delle droghe essenziere.

aculeato fornito di aculei.

acuminato che si restringe in punta acuta.

aghiforme forma di foglia cilindrica, sottile.

alburno parte più esterna chiara del legno.

alcolito prodotto ottenuto da macerazione alcolica di droghe.

amento spiga ad asse sottile con fiori unisessuali.

amplessicaule abbracciante il fusto o caule.

androceo apparato maschile dei fiore formato dagli stami.

anodino analgesico.

antera parte dello stame, contenente il polline.

antiafonico preparato contro l'afonia o abbassamento di voce.

antidermatosi atto a combattere le malattie della pelle.

antidiarroico preparato contro le scariche alvine.

antielmintico idoneo a ottenere l'espulsione dei vermi intestinali.

antiflogistico medicinale con azione calmante sulle infiammazioni.

antileucorreico preparazione contro le perdite bianche.

antipiretico febbrifugo.

antisettico preparato per evitare la putrefazione.

antispasmodico rimedio contro gli spasmi muscolari.

antiuricemico rimedio contro l'uricemia.

antofillo piccola foglia, parte essenziale del fiore.

apiculato terminante a punta.

arbusto piantina legnosa di piccole dimensioni.

arillo involucro accessorio che avvolge i semi di alcune piante; ha importanza nella disseminazione.

aristato organo vegetale, fornito di resta.

aromoterapia metodo di cura tramite oli essenziali.

asettico immune da putrefazione.

astata foglia a forma di lancia.

astringente medicinale atto a bloccare una secrezione.

austorio organo delle piante parassite, penetrante e assorbente sostanze vitali della pianta ospite.

bacca frutto con endocarpo e mesocarpo carnosi e vari semi (es. pomodoro).
baccello frutto delle leguminose.
balsamico medicamento calmante dell'infiammazione delle mucose.
bechico tossifugo.
bilabiato che ha due labbri.
boccia fiorentina vaso di raccolta dei distillato, munito di beccuccio laterale.
brattee piccole foglie presenti nelle infiorescenze e nei fiori.
bulbo fusto sotterraneo formato da tuniche.
calamo caule di pianta avente nodi poco distanziati.
calice parte verde dei fiore formata da foglie dette sepali.
capolino infiorescenza con fiori sessili formanti gruppo.
capsula frutto mono o pluriloculare con diversi modi di apertura e dì seminagione.
cardiocinetico medicamento rafforzante il cuore.
cardiotoníco preparato tonico per il cuore.
carena parte del fiore delle leguminose.
cariosside frutto con pericarpo saldato al seme.
carminativo rimedio atto a espellere i gas intestinali.
carpello una delle foglie, componenti il gineceo, che produce gli ovuli.
cataplasma impiastro di droghe trattate.
catartico medicamento ad azione evacuante non violenta.
caule fusto, organo portante della pianta.
caulinare ciò che è inserito sul caule.
caustico preparazione corrosiva, bruciante.
cespitoso pianta con rami che partono dalla radice a forma di cespo.
citostatico medicamento atto a rallentare i processi tumorali.
cladodo modificazione del fusto che diviene simile a una foglia.
colagogo medicamento che promuove l'emissione della bile.
coleretico rimedio stimolante la produzione biliare.
composta foglia composta di più foglioline.
connate dicesi di foglie unite alla base.
cono infiorescenza formata da brattee, di forma cilindrico-conica, tipica delle conifere.
cordata foglia a forma di cuore.
coricida prodotto capace di eliminare le callosità.
corimbo infiorescenza a forma di grappolo con fiori tutti alla stessa altezza, ma con peduncoli fiorali di lunghezza diversa.
corona parte dei fiore formata da petali.
corteccia rivestimento del fusto e dei rami.

cotiledoni foglie del seme circondanti gli abbozzi della nuova piantina.

crenata foglia con incavi ottusi poco profondi.

culmo caule fistoloso e coriaceo.

deciduo che cade.

decongestionante medicamento rivolto a modificare uno stato congestizio.

decorrente organo che si prolunga sull'asse principale, al di sotto della sua inserzione.

decotto preparazione galenica semplice per bollitura della droga.

decussate si dice di foglie che si trovano a 90 gradi con le precedenti o le successive.

deiscente frutto che lascia cadere i semi a maturità.

densità rapporto tra la massa di un corpo e la massa d'acqua che occupa uguale volume a 4°C.

dentata foglia con margine costituito da denti acuti.

dentellata foglia il cui margine è formato da dentelli.

depurativo rimedio per eliminare le tossine.

detersivo rimedio diretto alla pulizia delle ferite.

diaforetico medicinale che facilita la sudorazione.

digitata foglia composta le cui foglioline sono disposte come le dita di una mano.

dinamizzazione procedimento nella preparazione di medicinali omeopatici.

dioica dicesi delle speccie a sessi separati.

distico disposizione degli organi in serie opposte.

drastico preparato evacuante violento.

drupa frutto con mesocarpo carnoso e nocciolo.

elettuario preparazione galenica a base di polpe.

elisir alcolito con soluzione zuccherina.

embriciato disposto a embrice come le tegole.

emetico medicinale che promuove il vomito.

emmenagogo rimedio che promuove le mestruazioni.

emolitico rimedio separante l'emoglobina, tramite dissoluzione dei globuli rossi.

emolliente preparazione a finalità ammorbidente dei tessuti.

emostatico medicinale per fermare le emorragie.

endocarpo parte interna della parete del frutto, che può essere membranosa o legnosa.

enolito medicinale a base vinosa.

ensiforme a forma di spada.

epicarpo parte esterna del pericarpo.

epispastico preparato con azione vescicante.

erboristerla materia relativa allo studio delle piante officinali.

esperidio bacca con endocarpo diviso a logge.

espettorante rimedio che facilita la secrezione bronchiale.

estratto prodotto di trasformazione dei semplici. Può essere secco, molle, fluido.

eterolito medicinale a base di etere.

eupeptico digestivo.

fascícolato a fascetti.

febbrifugo preparazione per diminuire gli accessi febbrili.

fillotassi rappresentazione dell'inserzione fogliare sul fusto.

fistoloso fusto cilindrico cavo.

fitoterapia terapia tramite piante officinali o elaborazioni di esse.

fittone radice principale sviluppatissima rispetto alle secondarie.

frutice arbusto.

fusto caule.

galattofugo medicinale atto alla diminuzione della portata lattea.

galattogogo medicinale atto all'aumento della portata lattea.

galla escrescenza causata da punture di insetti su alcune piante.

gemma germoglio allo stato latente.

ghianda achenio sviluppantesi da una cupola.

gineceo parte femminile del fiore formata dai carpelli.

glabro organo sprovvisto di peli.

glomerulo gruppo di fiori compatti.

gluma brattea alla base delle spighe delle graminacee.

imparipennata foglia composta con fogliolina apicale.

indeiscente frutto che non lascia cadere spontaneamente semi a maturazione.

infioraggio metodo di estrazione di oli essenziali.

infiorescenza insieme di fiori che si formano sullo stesso asse.

infuso preparazione galenica semplice.

ipnotico rimedio atto a procurare il sonno.

ipoglicemizzante medicinale determinante una diminuzione della glicemia.

ipotensivo medicamento che provoca una diminuzione della pressione arteriosa.

lacerata foglia con margine molto intaccato e irregolare.

lacinia profonde e strette incisioni formanti strisce.

laciniata foglia con margine a lacinie.

lamina lembo della foglia.

lanceolata foglia stretta e acuta, a lancia.

lassativo preparato avente debole azione evacuante.
lavanda preparato per effettuare irrigazioni.
legume frutto aprentisi a maturità in due valve.
lenitivo preparato con debole azione analgesica.
ligula protuberanza fra picciolo e lamina in alcune piante.
linimento preparato galenico per frizioni.
liparolito preparato avente come base un eccipiente grasso.
lirata foglia con lobo finale più grande degli altri.
litontrico preparato per la eliminazione di piccoli calcoli.
lobata foglia suddivisa in lobi.
macerazione preparazione galenica semplice.
margotta metodo di riproduzione vegetativa.
matraccio vaso di vetreria chimica, a forma di pallone schiacciato alla base e fornito di lungo collo.
midriatico preparato che dilata la pupilla.
mucronata foglia che termina con una piccola punta.
multifida foglia molto incisa per oltre metà lunghezza.
narcotico medicamento che produce sopore.
nervatura disposizione dei nervi sulle foglie.
nervino preparato ad azione eccitante.
obovata foglia dì forma ovale con parte più stretta in basso.
oftalmico atto alle malattie degli occhi.
oleolito medicinale a base d'olio.

ornbrella infiorescenza con fiori della medesima altezza e base dei peduncoli inseriti allo stesso livello.
omeopatia terapia basata sul concetto di similitudine fra malattia e medicamento.
orbicolare foglia di forma rotondeggiante.
ovario parte bassa del pistillo contenente gli ovuli.
oxitocico farmaco riguardante l'apparato genitale.
pagina superficie di una foglia.
palmata foglia con lobi a somiglianza di un palmo.
palmatifida foglia palmata con incisioni fino a metà pagina.
palmatolobata foglia palmata con lobi profondi.
palmatopartita foglia palmata con lobi superiori a metà lembo.
palmatosetta foglia palmata con divisioni profonde creanti segmenti uniti alla base.
pannocchia inflorescenza a forma di piramide.
pappo ciuffo di peli di alcuni semi per la disseminazione anemofila.
paregorico rimedio calmante.

parenchima tessuto con cellule ravvicinate.

partita foglia con intaccature che raggiungono quasi la nervatura centrale.

peduncolo gambo del fiore.

peltata foglia quasi circolare con picciolo centrale.

pennata foglia composta con foglioline ai lati del rachide.

pennatifída foglia con divisioni all'incirca metà fra li margine e la nervatura centrale.

pennatopartita foglia con divisioni fin quasi alla nervatura centrale.

pennatosetta foglia con incisioni che raggiungono la nervatura centrale.

perfogliata foglia che avvolge il caule.

pericarpo strato esterno dei frutto derivante dalla parete dell'ovario, dopo la fecondazione degli ovuli.

perigonio unione del calice e della corolla.

pettorale rimedio per le malattie dell'apparato respiratorio.

picciolo gambo della foglia.

píleoriza parte apicale della radice.

pistillo parte femminile del fiore.

pollone radice fuoriuscente assumente forma di fusto.

polvere preparazione galenica ottenuta dalla triturazione fine delle droghe.

propaggine metodo di riproduzione vegetativo.

pubescente coperto di minutissimi peli.

racemo infiorescenza su un solo asse.

radice parte della pianta sviluppantesi nel terreno.

refrigerante parte dell'alambicco dove i vapori si condensano.

resta parte apicale nelle brattee che avvolgono le infiorescenze delle graminacee.

retinervia foglia con nervature reticolate.

revulsivo preparato deviante materia morbosa.

risolvente preparato per risolvere stati infiammatori.

rizoma fusto sotterraneo e funzionante come organo di riserva.

roncinata foglie pennatifide con lacerazioni arcuate acute rivolte verso la base.

rubefacente medicamento che richiama sangue nel punto di applicazione.

samara achenio con pericarpo allargato ad ala.

sarmento lungo fusto sottile con foglie ai nodi.

scapo stelo fiorale su pianta con foglie a rosetta.

scialagogo rimedio che promuove la secrezione salivare.

seghettata foglia con margine portante denti simili a una sega.

seme organo riproduttore della pianta.

semplice definizione di pianta medicinale.

semplicista conoscitore di piante medicinali.

sepalo foglia del calice.

sessile privo di picciolo o di peduncolo.

setto intaglio della pagina fogliare raggiungente la nervatura mediana oppure la base.

sfumatura procedimento per l'estrazione dell'olio essenziale dagli agrumi.

siconio falso frutto carnoso contenente achení.

siliqua frutto che si apre a maturità scoprendo un diaframma con semi.

soro insieme di sporangi, contenente le cellule riproduttive delle piante, sulle fronde delle felci.

spadice infiorescenza ad unico asse contornata da una brattea detta spata.

spatolata foglia a forma di spatola.

spina modificazione a punta dell'epidermide.

stame organo maschile del fiore, formato da filamento e antera.

stelo fusto delle erbe.

stilo tubulo fra l'ovario e lo stimma.

stimma parte terminale dei gineceo.

stipola appendice fogliare alla base di molte foglie.

stolone ramo strisciante emettente radici avventizie.

stomachico preparato giovevole allo stomaco.

stomatico medicinale per le malattie del cavo orale.

suffrutice pianta piccola con rami legnosi ed erbacei verso l'apice.

suffumigi metodo di somministrazione di medicinali tramite inspirazione di vapori.

talea metodo di riproduzione vegetativa.

tenifugo preparato contro la tenia.

tintura alcolito.

tormentoso fornito di peli cotonosi.

tonico preparato esaltante il tono.

topico rimedio ad applicazione esterna.

tossifugo medicinale atto a eliminare gli accessi di tosse.

trigono a tre spigoli.

tripennatosetta foglia bipennatosetta con suddivisioni ulteriori alle suddivisioni di secondo ordine.

tubero fusto sotterraneo ingrossato contenente sostanze nutritive di riserva.

turione gemma sotterranea carnosa che spunta dalle radici.

verticillo insieme di foglie o fiori inseriti nel medesimo punto del caule.

vitaminizzante preparato per le avitaminosi.
vulnerario preparato per sanare le ferite.

Tratto da *Piante medicinali*, di Roberto Chiej (ed. Mondadori, Milano 1983). Sono riportati i termini botanici e farmaceutici che riguardano l'erboristeria e la fitoterapia intesa come cura con piante medicinali.

Bibliografia

Suozzi Roberto M., *Il grande libro delle erbe medicinali. Manuale pratico*, Newton & Compton, 1948

Lanzara Paola, *Piante medicinali*, Mondadori; *Piante medicinali*, Orsa Maggiore Editrice

S. H. Buhrner, *Le piante sacre degli Indiani d'America*, ed. Il punto d'incontro, Vicenza 1999

Chevallier Andrew, *Enciclopedia delle piante medicinali*, Idealibri

Riva Ernesto, *L'universo delle piante medicinali. Trattato storico, botanico e farmacologico di 400 piante di tutto il mondo*, Tassotti

Piana Mariagrazia, *Le piante medicinali. Come conoscerle e usarle*, Newton & Compton

Da Legnano L. P., *Le piante medicinali*, Edizioni Mediterranee

E. Cingolanti - L. Colapinto, *Le farmacopee in Italia*, in "Medicina nei secoli", Roma 1992

Vendramin Annachiara, *Piante medicinali. Tutti i segreti e le virtù del mondo vegetale*, Opportunity Books

Schönfelder Peter - Schönfelder Ingrid, *Atlante delle piante medicinali*, Muzzio

Coltivazioni delle piante medicinali e aromatiche, Patron

Piante medicinali, Orsa Maggiore

Il giardino delle piante aromatiche e medicinali, Demetra

Historia Plantarum, a cura di V. S. Rutz, F. Cosimo Panini, Modena 2002

Wendelberger Elfrune, *Piante medicinali d'Italia e d'Europa*, Gremese Editore

Giammetti Mamani M. (a cura), *Piante medicinali nostre amiche*, MEB

Vendramin Annachiara, *Piante medicinali. Riconoscerle, raccoglierle, conservarle, coltivarle. Segreti e virtù dalla natura*, MEB

Campanini Enrica, *Dizionario di fitoterapia e piante medicinali*, Tecniche Nuove

Poletti Aldo, *Fiori e piante medicinali. Salute e bellezza dell'uomo*, Musumeci Comunicazione

Le piante medicinali del «Corpus Hippocraticum», Guerini e Associati

Vestita Ciro, *Le piante che curano. Piccole notizie su piante medicinali e alimentazione naturale*, RAI Radiotelevisione Italiana

Coccolo M. Fiorella, *Curarsi con le erbe. Conoscere e usare le piante medicinali per il benessere del corpo e della mente*, Riza

Tutto su... le piante medicinali. Quali scegliere, come utilizzarle, Red/Studio Redazionale

Milesi Ferretti Giambattista - Massin Milesi Ferretti Leyla, *La coltivazione delle piante aromatiche e medicinali*, Gruppo Calderini Edagricole

Ignesti Giovanni - Maleci Laura - Medica Antonio, *Piante medicinali. Botanica. Chimica. Farmacologia. Tossicologia. Con CD-ROM*, Pitagora

Firenzuoli Fabio, *Fitoterapia. Guida all'uso clinico delle piante medicinali. Con CD-ROM*, Masson

Salvatore Presicce, *Piante medicinali spontanee del Salento. Cultura - storia - tradizioni ed usi popolari*, LiberArs

Grandi Maurizio - Vigoni Marciani Anna - Denzio Giusi, *Vivere meglio le terapie anticancro con le piante medicinali*, Tecniche Nuove

Moroder Magda M., *Piante medicinali nelle Dolomiti*, Athesia Touristik

Romiti Roberto, *Le erbe fanno bene. Se non fanno male. Prontuario di soccorso erboristico. 252 erbe e piante medicinali*, Blu International Studio

La Badessa Stefania, *Erbe medicinali sul balcone. Scegliere, coltivare, raccogliere e usare le piante officinali più utili*, Tecniche Nuove

Chevallier Andrew, *Guida alle piante medicinali. Come curare naturalmente disturbi cronici e affezioni più comuni*, Tecniche Nuove

Il giardino delle piante aromatiche e medicinali, Demetra

Grandi Maurizio - Vigoni Marciani Anna - Denzio Giusi, *Vivere meglio le terapie anticancro con le piante medicinali. Consigli dietetici e comportamentali*, Tecniche Nuove

Perugini Billi Francesco, *Le nostre piante medicinali. Riconoscimento, proprietà, curiosità e utilizzo di 80 piante officinali della flora italiana spontanea*, Junior

Spolaore Luigi, *Piante medicinali. 18 gruppi di princìpi attivi, applicazioni per la medicina e l'alimentazione*, GB

Tieri M. Rosaria - Tieri Nino, *Piante medicinali della Maiella*, Menabò

Mucciarelli M. - Maffei Massimo, *Piante foraggere alimentari e medicinali. Atlante iconografico*, Levrotto & Bella

La Scuola Medica Salernitana. Gli autori e i testi, a cura di D. Jacquart e A. Paravicini Bagliani, Sismel, 2007

Leung Albert - Foster Steven, *Enciclopedia delle piante medicinali utilizzate negli alimenti, nei farmaci e nei cosmetici*, Aporie

Vigoni Marciani Anna - Levo Carlo - Crispini Stefano, *Piante medicinali per la donna. Fitoterapia ginecologica per l'età pediatrica, l'età fertile, la gravidanza, l'allattamento e la menopausa*, Erga

Marchioni Alba R., *Piante medicinali della Sardegna*, Edizioni della

Torre

Piante medicinali e Aids. Piante antivirali e immuno-modulanti utilizzate nell'infezione da HIV e nelle malattie correlate, Tecniche Nuove

Firenzuoli Fabio, *Le insidie del naturale. Guida all'impiego sicuro e corretto delle piante medicinali*, Tecniche Nuove

Arte farmaceutica e piante medicinali. Erbari, vasi, strumenti e testi dalle raccolte liguri, Pacini

Giani Sergio, *Piante medicinali delle isole Eolie*, Pungitopo

Mascheri Pietro, *Al di là del sintomo. Come raggiungere, attraverso l'uso delle piante medicinali, benessere ed equilibrio*, Era Nuova

Piante medicinali cinesi, Red/Studio Redazionale

Penso Giuseppe, *Piante medicinali nella cosmetica. Formulario pratico di dermatoterapia estetica per medici, farmacisti, erboristi, estetisti e produttori*, OEMF

Farmaci dalla natura. Come riconoscere e usare le piante medicinali, Xenia

Huibers Jaap, *Vincere l'ansia con le piante medicinali*, Hermes

Testi Paolo, *Tavole di fitoterapia. Guida all'uso professionale delle piante medicinali*, UTET Libreria

Tosco Uberto, *Piante aromatiche e medicinali. 670 specie descritte e illustrate*, San Paolo Edizioni

Huibers Jaap, *Curare il mal di testa con le piante medicinali*, Hermes

Alessandri Paolo E., *Droghe e piante medicinali*, Hoepli

Huibers Jaap, *Le piante medicinali contro lo stress*, Hermes

Da Legnano L. P., *Le piante medicinali del Canton Ticino e dell'Oltrepò*, Edizioni Mediterranee

Pelikan Wilhelm, *Le piante medicinali. Per la cura delle malattie. Per assicurare più vita all'uomo in connessione con la natura*, Natura e Cultura

Giunti Costanza, *Fiori e piante medicinali spontanee della Maremma collinare*, Laurum

Ungarelli Gaspare, *Le piante aromatiche e medicinali nei nomi, nell'uso e nella tradizione popolare bolognese* (rist. anast. 1921), Forni

L. Megay, *Le erbe degli incantesimi*, Teti editore

Bratman Steven, *Guida critica alle medicine alternative. Manuale pratico per curarsi senza smarrirsi*, Baldini Castoldi Dalai (anche edizioni Zelig)

Del Giudice Nicola; Del Giudice Emilio, *Omeopatia e bioenergetica. Le medicine alternative: dalla stregoneria alla scienza*, Cortina (Verona)

Fugh Berman Adriane, *Medicine alternative*, Pratiche

Salvidio Emanuele - Morchio Renzo, *Medicine alternative? Quel che dovreste e vorreste sapere su medicina tradizionale, omeopatia, erboristerie...*, SAGEP Libri & Comunicazione

Andreis Pepita, *Le cosmiche armonie. Come ritrovare il proprio equilibrio attraverso astri, erbe, medicine alternative*, L'Arcano

Losi Natale, *Gli amici dell'acqua. Medici, pazienti e medicine alternative*, Franco Angeli

Grande dizionario enciclopedico UTET (voce *"Farmacia"*), Torino 1968

Non Shaw, *Erbe medicinali. Le dolci vie del benessere*, ed. Könemann, Köln 2000.

G. Cosmacini - V. A. Sironi, *Cenni di storia della farmacologia*, in F. Clementi - G. Fumagalli, *Farmacologia generale e molecolare*, Utet, Torino 1996

La Verna, spezieria e speziali, a cura di A. Menghini, ed. Aboca Museum, Sansepolcro 2003

Odone di Meung, *Virtù delle erbe*, a cura di A. Cacciari, Città Nuova, Roma 2000

Enciclopedia delle erbe, De Agostini (Il Mosaico), Novara 1997

La farmacia italiana dalle origini all'età moderna, a cura di A. Corvi, ed. Pacini, Pisa 1997

A. Corvi - E. Riva, *La farmacia monastica e conventuale*, ed. Pacini, Pisa 1996

Ben/Essere. *L'altra medicina*, supp. a "Il sole che ride" n. 21/2003

Opere in lingua italiana sulla storia delle piante medicinali anteriori al 1994 in ordine cronologico (testi più significativi)

Istoria delle piante medicate e delle loro parti e prodotti conosciuti sotto il nome di droghe officinali di Paolo Sangiorgio, ed. Pirotta e Maspero, Milano 1809-1810, 4 volumi.

Z. Zanetti, *La medicina delle nostre donne*, Città di Castello 1892

S. Plebani, *Dizionario poliglotta di farmacia*, Milano 1895.

P. Cesaris, *Nuovo dizionario di chimica, farmaceutica, materie mediche e scienze affini*, Lodi 1904.

C. Craveri, *Le essenze naturali*, Hoepli, Milano 1913.

A. Chistoni, *Farmacologia, Tossicologia, Farmacognosia*, ed. Vallardi, Milano 1913-16 (ristampato a Faenza nel 1938, presso Stab. grafico F. Lega, 530 pp.).

F. Cortesi, *Memoria sulle droghe e piante medicinali e sulle gomme, resine e gommoresine*, Tip. nazionale Bertero, Roma 1918, 31 pp.

Bollettino dell'Associazione italiana pro piante medicinali, aromatiche ed altre utili. - A.1, n.1 (sett. 1918), Milano: Associazione italiana pro piante medicinali aromatiche, 1918

La crisi delle piante medicinali e le nostre colonie africane, Istituto coloniale italiano. Sezione studi e propaganda, Tip. Unione Ed., Roma 1919, pp. 36.

A. Benedicenti, *Malati Medici e Farmacisti*, ed. Hoepli, Milano 1924 (due tomi di 1500 pagine compless.).

L. Pagliani, *Le piante medicinali e la loro coltivazione*, Unione tipografico-editrice torinese, Torino 1928, 148 pp.

A. Fidi, *Erbe e piante medicinali*, A. Gorlini, Milano 1930, 434 pp.

C. Boccaccio Inverni, *Piante medicinali e loro estratti in terapia*, Cappelli, Bologna 1933, 416 pp.

C. Pedrazzini, *La farmacia storica ed artistica italiana*, ed. Vittoria, Milano 1934, 500 pp.

G. Conci, *Pagine di storia della farmacia*, Milano 1934

A. Banti, *Le piante medicinali, Ramo editoriale degli agricoltori*, Roma 1935, 74 pp.

G. Antonelli, *Relazione di un erbario romano del 1738*, Libreria Ferrari, Roma 1935

G. Zanetti-Ripamonti, *Piante medicinali nostre*, Istituto Editoriale Ticinese, Bellinzona 1940, 181 pp.

F. Borsctta, *Per curarsi con le erbe*, Tip. Ferraguti, Modena 1942, 127 pp. (ristampato nel 1950 con 189 pp.).

I. Frattola, *Piante medicinali italiane e loro uso popolare*, A. Signorelli, Roma 1940 (Tivoli, Tip. A. Chicca), 251 pp.

G. Negri, *Erbario figurato*, U. Hoepli, Milano 1943, 459 pp. (ristampato nel 1960 e nel 1979).

O. Ceruti, *Le piante medicinali*, S.E.T., Torino 1945, 238 pp.

G. Antonelli, *Le piante che ridanno la salute ossia le piante alimentari e alcune selvatiche comuni italiane nella medicina domestica*, Azienda libraria cattolica italiana, Roma 1950, 491 pp., 4 ed.

L. Pomini, *Le piante medicinali nella cura delle malattie umane*, ed. Mediterranee, Roma 1954 (ristampa nel 1973 e nel 1984 presso Lucarini di Milano, 2 voll. di 980 pp. compless.).

A. Ceruti, *Piante medicinali e alimentari*, Loescher, Torino 1957, 243 pp.

G. Lodi, *Piante officinali italiane*, Edizioni agricole, Bologna 1957, pp. 792 (ristampato nel 1966 e nel 2001 con 859 pp.).

E. Marini, *Piante medicinali*, A. Vallardi, Milano 1960, 31 pp.

Enrico Adami, *Farmacologia e farmacoterapia*, Istituto editoriale Cisalpino, Milano-Varese 1960, 5 ed. interamente rifatta, 1245 pp.

R. Benigni, C. Capra, P.E. Cattorini, *Piante medicinali: chimica, farma-*

cologia e terapia, Inverni & Della Beffa, Milano 1962-64, 2 voll., 1460 pp.

M. Selsam, *Piante medicinali*, Fabbri, Milano 1963, 64 pp.

L. Palma, *Le piante medicinali d'Italia*, SEI, Torino 1964, 838 pp.

S. Viola, *Piante medicinali e velenose della flora italiana*, Edizioni artistiche Maestretti, Milano 1965, 259 pp. (ristampato nel 1975).

Per conoscere le piante medicinali, a cura di Carlo D'Andreta, Istituto geografico De Agostini, Novara 1968, 75 pp.

Piante aromatiche e medicinali, a cura della Taroni, Divisione agricola. Redazione di H. Cocker, V. Rossi, Taroni agricola, Como 1969, 104 pp.

M. Mességué, *Uomini erbe salute*, A. Mondadori, Milano 1971, 420 pp. (ristampato nel 1974)

L. Pomini, *Erboristeria italiana*, Vitalita, Torino 1973, 1140 pp.

A. Lisi Scardavi, *Atlante iconografico delle piante officinali*, Tamburini, Milano 1974, 355 pp.

F. Bianchini, F. Corbetta, *Le piante della salute: atlante delle piante medicinali*, A. Mondadori, Milano 1975, 243 pp. (ristampato nel 1976, 1980, 1984).

Tirsi Mario Caffaratto, *Storia, magia e virtù delle piante medicinali*, Vitalità, Torino 1976, 62 pp.

M. Messegue, *Il mio erbario*, A. Mondadori, Milano 1976, 379 pp. (ristampato nel 1990)

B. Anzalone, *Botanica farmaceutica*, L.U. Japadre, L'Aquila 1976, 440 pp.

Scoprire riconoscere usare le erbe, (testi di U. Boni, G. Patri; consulente P. Rovesti), Fabbri, Milano 1977, 724 pp. (ristampato nel 1997 a Santarcangelo di Romagna, ed. Gulliver libri)

G. M. Nardelli, *Piante medicinali*, ed. Olimpia, Firenze 1977

P. Lanzara, *Guida alle piante medicinali*, A. Mondadori, Milano 1978, 255 pp.

A. Poletti, *Fiori e piante medicinali: salute e bellezza dell'uomo*, ed. Musumeci, Aosta 1978-79, 2 voll. di 208 pp. ciascuno.

Curarsi con le erbe: il manuale pratico delle erbe, L. Pugliese, Firenze 1979, 183 pp.

Segreti e virtù delle piante medicinali, Selezione dal Reader s digest, Milano 1979, 463 pp. (altra ed. 1984)

Piante medicinali, Istituto geografico De Agostini, Novara 1979, 215 pp. (ristampato nel 1984)

E. Bianchi, A. Bucci, *Erbe, erboristi, erboristeria*, G. Tacchini, Vercelli 1980, 286 pp.

G. Silvestri, *Gli antichi e i nuovi segreti delle erbe: le piante medicinali, il loro uso, i lori rimedi, le ricette al servizio della salute e della bellezza*, Rusconi, Milano 1980, 82 p.

J. Agrimi - C. Crisciani, *Malato, medico e medicina nel Medioevo*, ed. Loescher, Torino 1980

V. Chiappini, *Piante medicinali dal vero*, Saturnia, Trento 1981, 415 pp.

I. Morelli, *I princìpi attivi delle piante medicinali*, Edagricole, Bologna 1981, 177 pp.

J. Valnet, C. Duraffourd, J.-C. Lapraz, *Fitoterapia e aromatoterapia: una nuova medicina: come curare le malattie infettive con le piante*, Giunti Martello, Firenze 1981, 396 pp.

G. De Maria, *Le nostre erbe e piante medicinali*, SAGEP, Genova 1981, 271 pp.

Manuale dei medici scalzi cinesi, ERI, Torino 1982, 96 pp.

P. e I. Schonfelder, *Atlante delle piante medicinali*, Franco Muzzio & C., Padova 1982, 273 p. (ristampato nel 1989).

M. Treben, *La salute dalla farmacia del Signore: consigli ed esperienze con le erbe medicinali*, W. Ennsthaler, Steyr 1982, 104 pp.

E. Margini, *Manuale di botanica farmaceutica*, Piccin, Padova 1983, 490 pp.

Venerando Sincovich, *Salute dalle piante*, ADV, Falciani, Impruneta 1983, 315 pp.

AA. VV., *Una farmacia preindustriale in Valdelsa. La spezieria e lo spedale di Santa Fina nella città di San Gimignano. secc. XIV - XVIII*, Firenze 1983.

Enciclopedia delle erbe, De Agostini, Novara 1983.

P. Chiereghin, *Farmacia verde: manuale di fitoterapia*, Bologna, Calderini, 1984, 204 pp. (alla quarta edizione del 2002 aveva 427 pp.).

F. Reuther, H. Reuter, *Guida alle piante officinali delle Alpi*, Zanichelli, Bologna 1984, 136 pp.

C. Sportelli, *Piante officinali e velenose*, Hoepli, Milano 1984, 204 pp.

C. Gambioli, *Curarsi con erbe e piante*, A. Vallardi, Milano 1984, 226 pp.

Il grande libro delle piante medicinali, Vallardi, Lainate 1984, 208 pp.

J.-M. Pelt, *Le droghe: storia, classificazione, diffusione ed effetti*, A. Vallardi, Milano 1984, 245 pp.; *La medicina con le piante*, Feltrinelli, Milano 1985, 213 pp.

V. Lugani, *Coltivazione delle piante officinali*, CLESAV, Milano 1985, 198 pp.

AA. VV., *Coltivazione delle piante medicinali e aromatiche*, Patron, Bologna 1986, 399 pp.

G. Penso, *Piante medicinali nella terapia medica: compendio di farma-

cognosia pratica per medici e farmacisti, Organizzazione editoriale medico farmaceutica, Milano 1987, 249 pp., 2 ed.

Il farmaco nei tempi: dalle origini ai laboratori, Farmitalia Carlo Erba, Milano 1987, 248 pp.

H. Schipperges, *Il giardino della salute: la medicina nel Medioevo*, Garzanti, Milano 1988, 273 pp.

P. Belaiche, *Manuale pratico di fitoterapia familiare*, Red, Como 1988, 224 pp. (ristampato nel 1989, 2003, 2004).

A. Fidi, *Curarsi con erbe e piante medicinali*, Fratelli Melita Editori, La Spezia 1988, 355 pp.

M. Messegue, M. Bontemps, *Guarire naturalmente: la nuova medicina delle piante*, A. Mondadori, Milano 1989, 346 pp.

P. H. List, P. C. Schmidt, *I farmaci di origine vegetale: tecnologie di estrazione dalle piante medicinali*, U. Hoepli, Milano 1989, 417 pp.

Guarire con le erbe: una farmacia naturale fuori dalla nostra porta, La casa verde, Sommacampagna 1989, 395 pp.

H.M. Koelbing, *Storia della terapia medica*, Ciba-Geigy, Origgio 1989.

E. Breindl, *L'erborista di Dio*, ed. Paoline, Milano 1989

D. Podlech, *Piante medicinali*, G. Mondadori, Milano 1990, 253 pp.

Il farmaco nei tempi: antichi farmaci, a cura di A. Zanca, Farmitalia Carlo Erba, Milano 1990, 229 pp.

M. Ferrarese, *Le piante medicinali: tecniche di utilizzazione*, Edizioni agricole, Bologna 1990, 170 pp.

M. F. Pignatelli, *Viaggio nel mondo delle essenze*, Franco Muzzio ed., Padova 1991 (parte storica pp. 1-173, ma anche tutte le piante vengono trattate in maniera ampiamente storica). La bibliografia citata in questo volume, solo per la parte moderna (1500-1989), include circa 150 testi.

G. Penso, *Lexicon plantarum medicinalium: vocabula vernacula Latina, Anglica, Gallica, Germanica, Hispanica, Italica, Russica*, Organizzazione editoriale medico farmaceutica, Milano 1991, 193 pp.

Il giardino della salute, ed. Quattroemme, Ponte S. Giovanni (PG) 1991

Farmaci dalla natura: come riconoscere e usare le piante medicinali, a cura dell'Orto botanico di Ginevra, Xenia, Milano 1991, 171 pp. (ristampato nel 1993)

Piante medicinali nostre amiche: manuale di preparati di piante nazionali ed esotiche, a cura di M. Giammetti Mamani, Meb, Padova 1992, 109 pp.

V. Alessandro, *Le officine della salute: storia del farmaco e della sua industria in Italia dall'Unità al Mercato unico europeo: 1861-1992*, Laterza, Bari-Roma 1992, 274 pp.

Il farmaco nei tempi: la nuova frontiera, Farmitalia Carlo Erba, Milano

1992, 241 pp.

A. Ceruti, M. Ceruti, G. Vigolo, *Botanica medica, farmaceutica e veterinaria*, Zanichelli, Bologna 1993, 686 pp.

Piante officinali per infusi e tisane: un manuale su basi scientifiche per farmacisti e medici, a cura di R. Della Loggia; basata sulla seconda edizione del manuale Teedrogen a cura di Max Wichtl, Organizzazione editoriale medico farmaceutica, Milano 1993, 566 pp.

Healing: storia e strategie del guarire, a cura di O. Galeazzi, L. S. Olschki, Firenze 1993, 362 pp.

M. Polunin, C. Robbins, *Medicina naturale: guida pratica illustrata ai rimedi che ci offre la natura*, Istituto geografico De Agostini, Novara 1993, 144 pp.

F. Gherli, *La regola sanitaria salernitana*, Tascabili economici Newton, Roma 1993, 94 pp.

Bibliografia su Lulu

www.lulu.com/spotlight/galarico

- Cinico Engels
- Amo Giovanni. Il vangelo ritrovato (ed. Bibliotheka)
- Pescatori di uomini. Le mistificazioni nel vangelo di Marco (ed. Limina Mentis)
- Contro Luca. Moralismo e opportunismo nel terzo vangelo (ed. Amazon)
- Metodologia dell'esegesi laica (ed. Amazon)
- Protagonisti dell'esegesi laica (ed. Amazon)
- Arte da amare
- Letterati italiani
- Letterati stranieri
- Pagine di letteratura
- L'impossibile Nietzsche
- In principio era il due
- Da Cartesio a Rousseau
- Le teorie economiche di Giuseppe Mazzini
- Rousseau e l'arcantropia
- Esegeti di Marx
- Maledetto capitale
- Marx economista
- Il meglio di Marx
- Io, Gorbaciov e la Cina (pubblicato dalla Diderotiana)
- Il grande Lenin
- Società ecologica e democrazia diretta
- Stato di diritto e ideologia della violenza
- Democrazia socialista e terzomondiale
- La dittatura della democrazia. Come uscire dal sistema
- Etica ed economia. Per una teoria dell'umanesimo laico
- Preve disincantato
- Che cos'è la coscienza? Pagine di diario
- Che cos'è la verità? Pagine di diario
- Scienza e Natura. Per un'apologia della materia
- Siae contro Homolaicus
- Sesso e amore
- Linguaggio e comunicazione
- Homo primitivus. Le ultime tracce di socialismo
- Psicologia generale
- La colpa originaria. Analisi della caduta

- Critica laica
- Cristianesimo medievale
- Il Trattato di Wittgenstein
- Laicismo medievale
- Le ragioni della laicità
- Diritto laico
- Ideologia della chiesa latina
- Per una riforma della scuola
- Interviste e Dialoghi
- L'Apocalisse di Giovanni
- Spazio e Tempo
- I miti rovesciati
- Pazìnzia e distèin in Walter Galli
- Zetesis. Dalle conoscenze e abilità alle competenze nella didattica della storia
- La rivoluzione inglese
- Cenni di storiografia
- Dialogo a distanza sui massimi sistemi
- Scoperta e conquista dell'America
- Il potere dei senzadio. Rivoluzione francese e questione religiosa
- Dante laico e cattolico
- Grido ad Manghinot. Politica e Turismo a Riccione (1859-1967)
- Ombra delle cose future. Esegesi laica delle lettere paoline
- Umano e Politico. Biografia demistificata del Cristo
- Le diatribe del Cristo. Veri e falsi problemi nei vangeli
- Ateo e sovversivo. I lati oscuri della mistificazione cristologica
- Risorto o Scomparso? Dal giudizio di fatto a quello di valore
- Cristianesimo primitivo. Dalle origini alla svolta costantiniana
- Le parabole degli operai. Il cristianesimo come socialismo a metà
- I malati dei vangeli. Saggio romanzato di psicopolitica
- Gli apostoli traditori. Sviluppi del Cristo impolitico
- Grammatica e Scrittura. Dalle astrazioni dei manuali scolastici alla scrittura creativa
- La svolta di Giotto. La nascita borghese dell'arte moderna
- Poesie: Nato vecchio; La fine; Prof e Stud; Natura; Poesie in strada; Esistenza in vita; Un amore sognato

Indice

www.ingramcontent.com/pod-product-compliance
Lightning Source LLC
Chambersburg PA
CBHW061402250726
48657CB00004B/1623